Andrzej Moszczyński jest autorem 23 książek, 34 wykładów oraz 3 kursów. Pasjonuje go zdobywanie wiedzy z obszaru psychologii osobowości i psychologii pozytywnej.

Ponad 700 razy wystąpił jako prelegent podczas seminariów, konferencji czy kongresów mających charakter społeczny i charytatywny.

Regularnie się dokształca i korzysta ze szkoleń takich organizacji edukacyjnych jak: Harvard Business Review, Ernst & Young, Gallup Institute, PwC.

Jego zainteresowania obejmują następujące tematy: potencjał człowieka, poczucie własnej wartości, szczęście, kluczowe cechy osobowości, w tym między innymi odwaga, wytrwałość, wnikliwość, entuzjazm, wiara w siebie, realizm. Obszar jego zainteresowań stanowią również umiejętności wspierające bycie zadowolonym człowiekiem, między innymi: uczenie się, wyznaczanie celów, planowanie, asertywność, podejmowanie decyzji, inicjatywa, priorytety. Zajmuje się też czynnikami wpływającymi na dobre relacje między ludźmi (należą do nich np. miłość, motywacja, pozytywna postawa, wewnętrzny spokój, zaufanie, mądrość).

Od ponad 30 lat jest przedsiębiorcą. W latach dziewięćdziesiątych był przez dziesięć lat prezesem spółki działającej w branży reklamowej i obejmującej zasięgiem cały kraj. Od 2005 r. do 2015 r. był prezesem spółki inwestycyjnej, która komercjalizowała biurowce, hotele, osiedla mieszkaniowe, galerie handlowe.

W latach 2009-2018 był akcjonariuszem strategicznym oraz przewodniczącym rady nadzorczej fabryki urządzeń okrętowych Expom SA. W 2014 r. utworzył w USA spółkę wydawniczą. Od 2019 r. skupia się przede wszystkim na jej rozwoju.

Inaczej o dobrym i mądrym życiu to książka o umiejętności stosowania strategii osiągania wartościowych celów. Autor opisuje 22 aspekty, które prowadzą do bycia mądrym. W jakim znaczeniu mądrym?

Mądry człowiek jest skupiony na działaniu ukierunkowanym na podnoszenie jakości życia, zarówno swojego, jak i innych. O tym jest ta książka: o byciu szczęśliwym, o poznaniu siebie, by zajmować się tym, w czym mamy największy potencjał, o rozwinięciu poczucia własnej wartości, które jest podstawowym czynnikiem utrzymywania dobrych relacji z samym sobą i innymi ludźmi, o byciu odważnym, wytrwałym, wnikliwym, entuzjastycznym, posiadającym optymalną wiarę w siebie, a także o byciu realistą.

Mądrość to umiejętność czynienia tego, co szlachetne. Z takiego podejścia rodzą się następujące czyny: nie osądzamy, jesteśmy tolerancyjni, życzliwi, pokorni, skromni, umiejący przebaczać. Mądry człowiek to osoba asertywna, wyznaczająca sobie pozytywne cele, ustalająca priorytety, planująca swoje działania, podejmująca decyzje i przyjmująca za nie odpowiedzialność. Mądrość to też zaufanie do siebie i innych, bycie zmotywowanym i posiadającym jasne wartości nadrzędne (do których najczęściej należą: miłość, szczęście, dobro, prawda, wolność).

Autor książki opisuje proces budowania mentalności bycia mądrym. Wszechobecna indoktrynacja jest przeszkodą na tej drodze. Jeśli jakaś grupa nie uczy tolerancji, przekazuje fałszywy obraz bycia zadowolonym człowiekiem, to czy można mówić o uczeniu się mądrości? Zdaniem autora potrzebujemy mądrości niemal jak powietrza czy czystej wody. W tej książce będziesz wielokrotnie zachęcany do bycia mądrym, co w rezultacie prowadzi też do bycia szczęśliwym i spełnionym.

Andrzej Moszczyński

SUKCESY SAMOUKÓW

KRÓLOWIE WIELKIEGO BIZNESU

CZ. 5

2021

Redaktor prowadzący:
Alicja Kaszyńska

Zespół redakcyjny:
Anna Imbiorkiewicz, Karolina Kruk, Ewa Ossowska, Barbara Strojnowska,
Krystyna Stroynowska, Dorota Śrutowska, Robert Ważyński

Projekt okładki:
Mateusz Rossowiecki

Korekta oraz skład i łamanie:
Wydawnictwo Online
www.wydawnictwo-online.pl

Wydanie I

ISBN 978-83-65873-82-8

Wydawca:

ANDREW MOSZCZYNSKI
I N S T I T U T E

Andrew Moszczynski Institute LLC
1521 Concord Pike STE 303
Wilmington, DE 19803, USA
www.andrewmoszczynski.com

Licencja na Polskę:
Andrew Moszczynski Group sp. z o.o.
ul. Grunwaldzka 472, 80-309 Gdańsk
www.andrewmoszczynskigroup.com

*Ukochanym córkom
Mai i Oli*

SPIS TREŚCI

„Nie ma rzeczy niemożliwych,
są tylko trudniejsze do wykonania".

Aleksander Wielki

Wprowadzenie

Niniejsza książka to piąta, ostatnia część serii zawierającej łącznie 50 biografii przedsiębiorców samouków.

Dzisiejszy system edukacji – publiczny, obowiązkowy, państwowy – charakteryzują dyscyplina, posłuszeństwo i autorytaryzm. Opiera się na oświeceniowym twierdzeniu, że człowiek jest *tabula rasa*, więc można go dowolnie kształtować i najpełniej rozwinął się w dziewiętnastowiecznych Niemczech Bismarcka.

Samoucy to ludzie, którzy zdołali wyłamać się z tego systemu i pójść własną drogą czy odnaleźć swoje miejsce w zupełnie innej branży niż ta, do której byli kształceni.

Dlaczego przedsiębiorcy? Dlatego, że nauczanie przedsiębiorczości w systemie szkolnym prawie nie istnieje. Szkoła przygotowuje nas – celowo – raczej do roli odbiorców i konsumentów niż twórców. Przygotowuje do szukania pracy, a nie rozwijania pasji w taki sposób, żeby stała się jednocześnie źródłem zarobku.

Przedsiębiorcy samoucy to bardzo liczna grupa ludzi – znacznie liczniejsza niż opisana w niniejszej serii. Większość z nich to ludzie od wczesnych lat życia mierzący się z trudnościami. Często pochodzili z biednych rodzin i jak Henry Royce, którego nazwisko na zawsze będzie związane z luksusowymi samochodami, musieli w dzieciństwie pracować, by pomóc w utrzymaniu rodziny. Tylko nieliczni nie zaznali w młodości biedy.

Mimo różnic w pochodzeniu, stopniu zamożności czy miejscu zamieszkania wszystkie te postacie łączy nastawienie do życia, a przede wszystkim: determinacja w osiąganiu celów, entuzjazm, kreatywność, śmiałe marzenia.

Sukces materialny nie oznaczał jednak automatycznie odczuwania satysfakcji z życia, bo w pojęciu tym mieści się jeszcze cała sfera duchowości, szczęśliwa rodzina, grono oddanych przyjaciół i ludzki szacunek. Niektórym przedsiębiorcom samoukom takie pojęcia, jak wydajność, pomnażanie pieniędzy czy sukces materialny, przesłoniły to, co najważniejsze. Mogli sobie pozwolić na wszystko, ale zapłacili za to osamotnieniem, rozpadem związków, konfliktami z dziećmi, chorobami lub brakiem akceptacji otoczenia. Takie są skutki nierównowagi między życiem zawodowym, osobistym i rodzinnym.

Warto, czytając niezwykłe historie 50 samouków biznesmenów, znajdować w nich to, co najcenniejsze. Wzmacniać w sobie wiarę w siebie i swoje marzenia. Nauczyć się od nich formułowania celów oraz entuzjazmu i determinacji w ich realizowaniu. Poznać, jak patrzyli na świat i co uznawali za największą wartość. Moim zdaniem, powinniśmy jednak przyglądać się tym historiom także krytycznie, a niektóre potraktować jak ostrzeżenie. Życie bowiem, jeśli jego największą wartością jest pieniądz, nie przyniesie szczęścia i nie będzie prawdziwym sukcesem, bo jak mówi John Paul DeJoria: „Aby odnieść sukces, musisz kochać ludzi, kochać swój produkt i kochać to, co robisz", zaś Amando Ortega Gaona, twórca marki odzieżowej Zara, wyznający tradycyjne wartości: wiarę i rodzinę, konkluduje: „Doszedłem do takich pieniędzy, ponieważ pieniądze nigdy nie były dla mnie celem".

Zapraszam do inspirującej lektury ostatnich już w tej serii 10 biografii przedsiębiorców samouków.

Andrzej Moszczyński

Anita Roddick

(1942-2007)

**angielska bizneswoman,
założycielka marki The Body Shop**

Spacerując po centrach handlowych całej Europy, z łatwością znajdziemy sklepy z kosmetykami The Body Shop. Niewiele osób ma świadomość, jak fascynującą postacią była twórczyni tej marki Anita Roddick.

Anita urodziła się 23 października 1942 roku w nadmorskiej miejscowości Littlehampton w Wielkiej Brytanii. Jej rodzice byli włoskimi imigrantami żydowskiego pochodzenia, których z ojczyzny wygnał strach przed prześladowaniem. Anita oraz jej trójka rodzeństwa bardzo wcześnie poznali, co znaczy ciężka praca, gdyż od najmłodszych lat pomagali rodzicom w prowadzeniu kawiarni. Mama Anity nakłaniała całą rodzinę do segregowania odpadów. Obsesja na punkcie recyklingu nie była jednak motywowana chęcią dbania o środowisko. Był to nawyk z czasów II wojny światowej – okresu, kiedy wszystkiego brakowało, a dzięki segregacji część surowców można było wykorzystać ponownie.

Nastoletnia Anita była outsiderką, którą ciągnęło do innych indywidualistów i buntowników. Kiedy w szkolnej bibliotece znalazła książkę o Holokauście, przerażające zdjęcia oraz opisy życia w obozach koncentracyjnych zrobiły na niej wielkie wrażenie i bardzo uwrażliwiły na krzywdę drugiego człowieka. Po skończeniu liceum zdecydowała się na dalszą naukę w Bath College of Higher Education. Marzyła o zostaniu nauczycielką, aby przez swoją pracę kształtować światopogląd młodych ludzi.

W 1962 roku dzięki otrzymanemu stypendium Anita wyjechała do kibucu w Izraelu. To tam pierwszy raz zetknęła się ze stylem życia tak odmiennym od tego, który znała z Wielkiej Brytanii. Zafascynowało ją to, że ludzie żyją tam prościej, bliżej natury i zawsze mogą liczyć na pomoc członków swojej wspólnoty. Pobyt w Izraelu zaszczepił w niej również wielką pasję podróżniczą. Od tej pory chwytała się wielu dorywczych zajęć, a wszystkie zarobione pieniądze przeznaczała na dalekie podróże. Była bibliotekarką w Paryżu, następnie uczyła angielskiego i historii w Anglii, pracowała również dla Organizacji Narodów Zjednoczonych, jednak to wyprawy do tak egzotycznych miejsc jak Tahiti, Australia czy Północna Afryka stanowiły wtedy główną część jej życia. Z każdej z podróży wracała zainspirowana przez napotkanych ludzi, a w jej głowie rosło postanowienie, że jeśli kiedyś założy własny biznes, to będzie go prowadzić inaczej, niż jest to powszechne w krajach Europy Zachodniej.

Po blisko dziesięciu latach podróży i zbierania doświadczeń Anita wróciła do Anglii i w 1971 roku wyszła za Gordona Roddicka. Pragnąc zapewnić córkom bezpieczne i szczęśliwe dzieciństwo, razem z mężem prowadziła restaurację połączoną z malutkim, ośmiopokojowym pensjonatem. Jednak ustabilizowane życie nie było tym, o czym marzą tak niespokojne dusze, jakimi bez wątpienia byli Anita i Gordon. Oboje czuli, że utknęli w miejscu. Anita zgodziła się więc, aby mąż wyjechał w podróż po Ameryce Południowej, sama natomiast została w Anglii z dwiema córeczkami, nie mając pomysłu, co zrobić ze swoim życiem.

Konieczność zapewnienia środków do życia sobie i dzieciom sprawiła, że Anita zdecydowała się otworzyć sklep z kosmetykami własnej produkcji. Było to ryzykowne posunięcie. Chociaż przez prowadzenie restauracji Anita zdobyła doświadczenie w prowadzeniu przedsiębiorstwa, to jednak branża gastronomiczna znacznie różni się od rynku kosmetycznego. Anita nie miała doświadczenia w efektywnym marketingu, więc nieocenione okazały się doświadczenia zdobyte w podróżach. Anita na własne oczy widziała, jak kobiety żyjące z dala od cywilizacji dbają o swoje ciała, wykorzystując do tego dary natury i postanowiła, że właśnie naturalne składniki

oraz nieskomplikowany proces produkcji opar-
ty na jak najmniejszej liczbie tych składników
będą wyróżniać jej kosmetyki. Nie bez znaczenia
okazały się również zaradność oraz umiejętność
recyklingu. Kiedy w 1976 roku otworzyła swój
pierwszy sklep w Brighton, fundusze pozwoliły
jej na zaoferowanie jedynie piętnastu produktów. Ponieważ jednak każdy z nich zamknięty
był w opakowaniach w przynajmniej pięciu różnych rozmiarach, wydawało się, że jest ich co
najmniej sto.

Kosmetyki z The Body Shop szybko zaczęły
cieszyć się dużym zainteresowaniem. Anita wiedziała, że jest to zasługa dobrego pomysłu, ale też
umiejętnego dopasowania się do czasów. Swój
pierwszy sklep otworzyła, gdy w Europie zaczęła
budzić się moda na ekologię. Kolor zielony od
samego początku kojarzył się z The Body Shop,
jednak początkowo wcale nie miał budzić eko-
logicznych skojarzeń – był to po prostu jedyny
odcień, który zakrył brudne ściany w wynajmo-
wanym na sklep lokalu. Gdy po sześciu miesiącach Gordon wrócił do Anglii, biznes szedł na

tyle dobrze, że oboje zdecydowali się otworzyć kolejny sklep. Wkrótce potem niektórzy klienci doceniający wyjątkową jakość kosmetyków zaczęli pytać, czy sami nie mogliby zacząć ich sprzedawać pod marką The Body Shop. W ten sposób Anita stanęła przed kolejnym wyzwaniem, jakim było przygotowanie i wprowadzenie w życie systemu franczyzowego.

Anita całe życie wierzyła, że jej przedsiębiorstwo ma moc czynienia dobra. Nadrzędną zasadą, jaką kierowała się w biznesie, była pomoc innym ludziom. Dlatego jej marka zawsze chętnie angażowała się w kampanie społeczne promujące ekologię. W 1991 roku Anita osobiście włączyła się w pomoc plemieniu Ogoni z Nigerii, kiedy koncern paliwowy Shell wyniszczał ich kraj w poszukiwaniu nowych źródeł ropy. Dzięki między innymi jej naciskom kilka lat później Shell dołączył do karty pracy zapis o respektowaniu praw człowieka i dbaniu o środowisko.

Jednak troska o ludzi i środowisko naturalne, którą wykazywała Anita, nie przejawiała się jedynie poprzez kampanie społeczne. Od samego początku istnienia jej firmy ważne było dla niej kupowanie produktów prosto od lokalnych społeczności. Gdy w 1989 roku głośno zrobiło się o strajku Indian z rejonu Amazonki przeciwko budowie hydroelektrowni, Anita ani chwili nie wahała się przed przystąpieniem do protestu. Jednak zamiast biernej postawy i pisania nic nieznaczących petycji zaczęła myśleć nad praktycznym rozwiązaniem, które mogłoby ocalić środowisko i kulturę plemienia. Zaczęła kupować od nich orzechy brazylijskie, z których olej ma niezwykłe właściwości pielęgnacyjne. Pierwsze stosunki handlowe pomiędzy ludźmi z tak dalekich sobie kultur były oczywiście pełne pułapek i niebezpieczeństw. Wymagały więc olbrzymich pokładów dobrej woli i nieustannej nauki obu stron. Jednak ten wysiłek nie idzie na marne. Po kilkunastu latach od powstania The Body Shop wciąż skupował orzechy od tych samych ludzi, a nawet stworzono specjalną linię kosmetyków opartą na tradycyjnych recepturach tego plemienia.

The Body Shop nie odniósłby takiego sukcesu, gdyby nie nieustanny rozwój jego pomysłodawczyni. Anita nie zrezygnowała ze swojej pasji podróżniczej, jednak teraz wyprawy stały się jej narzędziem pracy – to właśnie wtedy poznała osobiście swoich dostawców. Przez całe życie pokazywała własnym przykładem, że The Body Shop to nie tylko sklep z kosmetykami, lecz przede wszystkim instytucja mająca na uwadze prawa człowieka oraz ochronę zwierząt i środowiska naturalnego. W ten sposób klienci kupujący oferowane przez markę produkty mogli poczuć, że realnie pomagają naprawiać świat. Swoją wizję upowszechniała też poprzez książki, w których łączyła tematykę biznesową i kosmetyczną z ekologiczną. Nie tylko je pisała, lecz także upowszechniała na całym świecie.

Anita Roddick przez wiele lat chorowała na marskość wątroby. Odeszła 10 września 2007 roku w Szpitalu Św. Ryszarda w Chichester. Jest przykładem osoby, której niestraszne było podejmowanie coraz to nowych wyzwań na drodze do realizacji własnych marzeń. Jednym z nich było uczynienie świata, w którym żyją jej córki, odrobinę lepszym. I to się jej chyba udało.

KALENDARIUM:

23 października 1942 – narodziny Anity Roddick

1952 – przeczytanie książki o Holocauście

1961 – rozpoczęcie nauki w Bath College of Higher
Education

1962 – wyjazd na stypendium do Izraela

1971 – ślub z Gordonem Roddickiem

1976 – pierwszy The Body Shop w Brighton

1984 – The Body Shop weszło na giełdę

1984 – tytuł Bizneswomen Roku od organizacji
Veuve Clicquot

1988 – Anita otrzymuje Order Imperium Brytyjskiego (OBE)

1989 – protest Indian z okolic Amazonki przeciwko
hydroelektrowni

1990 – powstaje fundacja Children on the Edge

1991 – pomoc plemieniu Ogoni w Nigerii

2003 – przyznanie tytułu Damy Komandora Orde-
ru Imperium Brytyjskiego (DBE)

2006 – odkupienie marki The Body Shop przez firmę L'Oreal

10 września 2007 – śmierć Anity Roddick

2016 – powstaje fundacja Enrich Not Exploit

CIEKAWOSTKI:

- Aby zachęcić przechodniów do odwiedzania jej pierwszego sklepu, Anita Roddick rozpylała przed wejściem mgiełkę o zapachu truskawek.
- Przez ponad 30 lat działalności firma The Body Shop może poszczycić się wieloma sukcesami. Firma zrobiła wiele w zakresie ochrony środowiska (dbając, by produkcja kosmetyków na każdym etapie była jak najmniej szkodliwa i inwazyjna dla środowiska naturalnego) oraz recyklingu (zachęcając swoich klientów do oddawania zużytych opakowań w sklepach). Natomiast najsłynniejszą kampanią społeczną The Body Shop było wyprodukowanie Ruby – lalki przypominającej Barbie, jednak w rozmiarze 44.
- W 1990 roku po wizycie w rumuńskim sierocińcu Anita założyła fundację Children on the Edge pomagającą dzieciom upośledzonym, a także dotkniętym przez konflikty, klęski żywiołowe, niepełnosprawność, HIV i AIDS.

- Anita jest autorką i współautorką wielu książek oraz publikacji o tematyce ekologicznej, kosmetycznej oraz biznesowej. Najciekawsze z nich to: *Globalization: take it personaly* (Globalizacja: potraktuj to osobiście), *Brave Hearts, Rebel Spirits: The Spiritual Activists Handbook* (Odważne serca, buntownicze umysły: podręcznik duchowych aktywistów), *Troubled water: Saints, Sinners, Truth & Lies About the Global Water Crisis* (Problem wody: święci, grzesznicy, prawdy i kłamstwa na temat globalnego kryzysu wodnego).
- Najważniejszą książką w pisarskiej karierze Anity Roddick jest *Business as Unusual* (Niecodzienny biznes). Opisała w niej swoją filozofię dotyczącą prowadzenia własnego przedsiębiorstwa, kładąc nacisk na społeczną odpowiedzialność firm i przypominając, że każdy biznes powinien mieć na celu przede wszystkim dobro wspólne, a nie tylko przynoszenie pieniędzy.
- W 2015 roku sprzedano produkty The Body Shop o łącznej wartości ponad 1,5 miliarda euro.

- Obecnie produkty The Body Shop sprzedawane są w trzech tysiącach sklepów w 66 krajach.
- Wiele kontrowersji wokół The Body Shop pojawiło się z chwilą wykupu marki przez L'Oreal – firmę, która przez wiele lat znana była z testowania swoich produktów na zwierzętach. Anita tłumaczyła w wywiadach, że The Body Shop będzie siłą napędzającą pozytywne zmiany ukierunkowane na ekologię w wielkim koncernie.
- W 2016 roku The Body Shop zainspirowany filozofią Anity Roddick głoszącą, że biznes ma siłę czynienia dobra, założył fundację o nazwie Enrich Not Exploit (Wzbogacaj, nie wykorzystuj).

CYTATY:

„Jeśli myślisz, że jesteś za mały, by mieć na coś wpływ, spróbuj położyć się do łóżka z komarem w tym samym pokoju".

„Na świecie są trzy miliardy kobiet, które nie wyglądają jak modelki i tylko osiem, które wyglądają”.

„Chciałam pracować dla firmy, która jest częścią społeczności. Chciałam nie tylko w coś zainwestować, ale również w to uwierzyć”.

ŹRÓDŁA I INSPIRACJE:

Anita Roddick, *Business As Unusual: My Entrepreneurial Journey*, Anita Roddick Books, 2005.

Paul Brown, *Anita Roddick and The Body Shop*, Exley, 1996.

Anita Roddick Biography, The Famous People, http://www.thefamouspeople.com/profiles/anita-roddick-3606.php.

About Dame Anita Roddick, Anita Roddick, http://www.anitaroddick.com/aboutanita.php.

✳

Henry Royce

(1863-1933)

Anglik, konstruktor i projektant najbardziej prestiżowego samochodu w historii motoryzacji: rolls-royce'a

Tytaniczna pracowitość, wiara w sukces i uparte dążenie do celu – te cechy charakteru połączone z wiedzą inżynierską, umiejętnością obserwacji, wyciągania wniosków oraz ulepszania istniejących urządzeń doprowadziły syna młynarza bankruta z pól w okolicach Peterborough w Anglii, gdzie jako 4-latek zarabiał… jako strach na wróble, do stworzenia samochodu, który stał się symbolem prestiżu, luksusu i bogactwa.

Henry Royce urodził się 27 marca 1863 roku we wsi Alwalton niedaleko Peterborough w Anglii. Pochodził z rodziny farmerów i młynarzy, a jego dziadek był pionierem instalacji silników parowych w młynach. James, ojciec Henry'ego, zajmował się najpierw rolnictwem zgodnie z tradycją rodzinną, a potem wynajął młyn. W 1852 roku ożenił się z córką miejscowego farmera Mary King. Mieli pięcioro dzieci: trzy córki, dwóch synów. Gdy rodził się Henry (najmłodszy z rodzeństwa), rodzina była już w sporych tarapatach finansowych. Powodem była choroba nowotworowa ojca (ziarnica złośliwa), przez którą nie miał sił pracować. Zmuszony był do zastawienia młyna. Doszło do tego, że Henry już jako czterolatek zarabiał pierwsze pieniądze, strasząc ptaki na okolicznych polach. W 1867 roku rodzina przeprowadziła się do Londynu, a pięć lat później, w 1872 roku, James Royce umarł, mając zaledwie 41 lat.

Po śmierci ojca Henry sprzedawał gazety na ulicach i dostarczał telegramy. Gdy miał 14 lat, jedna z ciotek ze strony matki ufundowała mu stypendium w wysokości 20 funtów rocznie (w przeliczeniu na dzisiejszą wartość waluty to około 2000 funtów). Dzięki tym pieniądzom Henry został w 1978 roku uczniem w słynnych na całą Anglię zakładach kolejowych Great Northern Railway. W tych czasach była to szkoła wielu znakomitych, brytyjskich inżynierów. Henry w dzień pracował, a wieczorami chodził do szkoły, ucząc się między innymi matematyki, angielskiego, mechaniki i tokarstwa. Mimo trudności finansowych i poświęcania całego czasu na pracę i naukę był bardzo zadowolony, bo mechanika okazała się jego pasją, tak samo jak jego dziadka, który zajmował się silnikami parowymi. Niestety, po trzech latach pieniądze ciotki się skończyły. Dla Henry'ego była to prawdziwa tragedia. Nie ukończył szkoły, więc nie miał tytułu wykwalifikowanego pracownika, a na dodatek musiał znowu szukać pracy. Znalazł ją w Leeds, w firmie Greenwood and Batley produkującej narzędzia. Niestety, nie pracował tam długo, ponieważ z powodu zapaści gospodarczej wiele firm zwalniało pracowników, a nawet upadało. Tak też stało się z jego pracodawcą.

Royce interesował się elektrycznością. Jako 20-latek znalazł pracę w Electric Light and Power Company w Londynie. Odpowiadał za instalacje oświetlenia ulic w angielskich miastach. Niestety, znowu czekała go niemiła niespodzianka. Kompania upadła i młody Royce ponownie znalazł się na bruku. Wtedy postanowił wziąć sprawy w swoje ręce. Zajęcia, jakich się podejmował w ostatnich kilku latach, sprawiły, że miał ponadprzeciętną wiedzę z zakresu mechaniki oraz elektryczności. Czuł, że jest gotowy na duże wyzwania! W roku 1884 założył firmę FH Royce and Co z kapitałem początkowym 70 funtów. 20 funtów to były jego własne oszczędności, a pozostałe 50 funtów zainwestował drugi pasjonat elektryczności Ernest Claremont. Siedzibą firmy był Manchester. W tym czasie najpopularniejszym źródłem oświetlenia były lampy gazowe. Instalacji elektrycznych było mało, bo do ich zasilania potrzebne były przydomowe elektrownie. Royce upatrywał jednak w elektryczności przyszłość. Na początku działalności firma Royce'a i Cleremonta produkowała osprzęt elektryczny dla prywatnych domów: dzwonki do drzwi, oprawki do żarówek, włączniki, bezpieczniki oraz całe instalacje elektryczne. Byli pionierami. Produkowali i usprawniali. Uczyli się na swoich błędach i wyciągali z nich naukę. To były trudne, ale i fantastyczne czasy – czasy ciężkiej pracy, nauki, niepewności i nieustannego rozwoju. Johnathan Wood w swojej książce *The Rolls-Royce* przytacza słowa Royce'a: „Przez wiele lat ciężko pracowaliśmy. Maszyny były włączone nawet w sobotę. Nasza pozycja na rynku była wciąż niepewna, a czasem wydawała się beznadziejna. Przetrzymaliśmy to. W końcu przyszły zamówienia na prądnice do młynów, statków i inne instalacje elektryczne. Doczekaliśmy okresu rozkwitu". Zaczęli produkować coraz bardziej skomplikowane urządzenia: dźwigi elektryczne, windy, prądnice i silniki zasilane prądem. W końcu rozwinęli skrzydła! Claremont zajął się marketingiem i sprzedażą, a Royce konstrukcją urządzeń. Najtrudniejsze chwile pozwoliła im przetrwać nie tylko wiara w przyszły sukces i całkowite poświęcenie przedsięwzięciu, ale też przyjaźń. Royce i Claremont żyli jak bracia. Razem spędzali całe dnie, pracowali i razem dzielili mały pokój nad warsztatem. Jeśli mieli jeszcze siły po pracy, to grali w karty w grę o nazwie grab będącą połączeniem pokera i… zapasów!

Siłą i znakiem firmowym FH Royce and Co. nie była wyjątkowość czy innowacyjność pomysłów i konstrukcji, a umiejętność ulepszania istniejących urządzeń i maszyn. Royce potrafił w sobie tylko znany sposób stworzyć w swojej głowie wizję doskonalszego urządzenia niż to, które miał przed swoimi oczami, a następnie wcielał ją w życie, tworząc jego perfekcyjną wersję. Niestety, był przy tym pracoholikiem. Potrafił pracować po kilkadziesiąt godzin bez odpoczynku. Wielokrotnie znajdowano go rano w warsztacie śpiącego przy urządzeniach. Był tak pochłonięty pracą, że zapominał o jedzeniu i piciu. Współpracownicy wysyłali do warsztatu małego chłopca, który chodził za Roycem ze szklanką mleka i kanapką! W pewnym momencie nawet i to okazało się niewystarczające. Pracoholizm doprowadził go całkowitego wyczerpania. Royce'owi zdarzały się zasłabnięcia z powodu permanentnego przepracowania, a zaniepokojeni jego stanem zdrowia lekarze nakazywali mu odpoczynek. O tym jednak genialny ulepszacz nie chciał słyszeć! W końcu jeden z lekarzy zaproponował mu zakup samochodu, aby ułatwić mu podróżowanie z domów do pracy (w owym czasie Henry dzielił swoje życie miedzy fabrykę i trzy posiadłości). Royce przystał na ten pomysł i zakupił swój pierwszy samochód, nie podejrzewając, że ta decyzja sprawi, iż stanie się jednym z najsłynniejszych konstruktorów w historii motoryzacji!

Firma Royce'a i Claremonta pod koniec XIX wieku przeżywała rozkwit. Zamówienia spływały z różnych stron świata. Potrzebne było nowe miejsce do produkcji. Royce, wykorzystując swoje umiejętności zdobyte w poprzednich latach, osobiście zaprojektował nową fabrykę, która stanęła w Manchesterze. Gdy wydawało się, że czeka go świetlana przyszłość, nastąpił kryzys i załamanie gospodarki po II wojnie burskiej (wojna w latach 1899-1902 między Wielką Brytanią a potomkami osadników holenderskich, niemieckich i belgijskich w Afryce Południowej). Na rynek trafiały tańsze dźwigi z Niemiec i Stanów Zjednoczonych. Perfekcjonista Royce nie zgadzał się na obniżenie cen swoich produktów. Przez to tracił zamówienia, a dobre czasy skończyły się. W tej sytuacji zwrócił uwagę na raczkujący rynek motoryzacyjny. Czuł, że samochód jest przyszłością cywilizacji.

Pierwszym samochodem Royce'a był model marki Decauville. Już po pierwszej przejażdżce stwierdził on, że sam zaprojektowałby lepszy samochód i... postanowił podjąć kolejne, nowe wyzwanie w swoim życiu: stworzyć swój pierwszy pojazd. W roku 1903 zapadła decyzja o budowie pierwszego prototypu samochodu, w którym Henry zastosował kilka ulepszeń. Nie miał wcześniejszych doświadczeń z samochodami. Był po prostu genialnym samoukiem. Wał łańcuchowy zastąpił korbowym, usprawnił zawory w silniku, o lata wyprzedzając konkurencję, wyeliminował hałas poprzez zastosowanie tłumika i lepszego układu wydechowego. Jego auto miało silnik o mocy 10 koni mechanicznych chłodzony powietrzem. Rozwijało prędkość do 30 mil na godzinę. Samochód wyposażony był w trzystopniową skrzynię biegów. Auto o nazwie 10hp Royce było gotowe wiosną 1904 roku. Pierwsza przejażdżka odbyła się 1 kwietnia, a trasa 15 mil została pokonana bez kłopotu! W tym samochodzie nie było niczego rewolucyjnego. Rewolucyjna była jego doskonałość!

Royce wnikliwie potrafił analizować działanie i konstrukcję istniejących urządzeń i wykorzystywał w nich to, co najlepsze. To, co uważał za nieudane, usprawniał dzięki swojej kreatywności. W tym czasie wyprodukował jeszcze dwa auta modelu 10hp. Pierwsze trafiło do wspólnika Royce'a Ernesta Claremonta, a drugie kupił Henry Edmunds. Ten ostatni był przyjacielem Charlesa Rollsa, bogatego biznesmena, który miał salon samochodowy w Londynie. 4 maja

1904 roku doszło do historycznego spotkania Rollsa i Royce'a w Midland Hotel w Manchesterze. Rolls był pod wrażeniem jakości samochodów Royce'a. „Spotkałem najlepszego inżyniera na świecie" – tak miał powiedzieć, a słowa te przytacza strona internetowa koncernu Rolls-Royce. Panowie zgodzili się utworzyć firmę, która stała się synonimem „wszystkiego, co najlepsze" – czytamy dalej na stronie. W 1905 roku na rynku pojawił się nowy samochód o symbolu 20hp. Całą produkcję Royce'a Rolls sprzedawał na pniu. Aby sprostać zamówieniom od klientów, potrzebna była nowa, większa fabryka. Otwarto ją w 1908 roku w Derby. Tam powstał model Silver Ghost nazwany „najlepszym autem świata". Nazwę ghost (duch) zawdzięczał bardzo cichej, jak na tamte czasy, pracy silnika.

W tym czasie lata katorżniczej pracy dały znać o sobie. Praca po kilkadziesiąt godzin bez jedzenia odbiła się na zdrowiu Royce'a, doprowadzając go niemal do śmierci! Długoletnie niedojadanie wywołało chorobę żołądka i w 1912 roku Royce przeszedł bardzo poważną operację. Lekarze dawali mu tylko kilka miesięcy życia. Wtedy zrozumiał, że musi zwolnić. Co prawda, wrócił do Derby, gdzie znajdowała się jego ukochana fabryka, ale już w niej nie bywał. Wszystkie projekty konsultował w domu. Za pracoholizm życie wystawiło mu jeszcze jeden rachunek: w 1912 roku, po 19 latach, rozpadło się jego bezdzietne małżeństwo z Minnie Punt. Pięć lat później Royce wyprowadził się na wieś West Wittering we wschodnim Sussex. Pod koniec lat 20. rozpoczął tam prace projektowe nad słynnym silnikiem „R". Jak głosi legenda, geniusz samouk omawiał swoje koncepcje i dyskutował z inżynierami, rozrysowując pomysły na piasku na plaży. Wyposażony w ten silnik samolot pobił w 1929 roku rekord prędkości, osiągając 357,7 mili na godzinę.

Henry Royce zmarł w 1933 roku w wieku 70 lat. Jego życie wypełnione było tytaniczną pracą i walką z przeciwnościami losu: skrajną biedą w rodzinnym domu, późniejszym brakiem pieniędzy na naukę (do 10 roku życia spędził zaledwie niecały rok na edukacji), wielokrotną utratą pracy. Nigdy nie przestał dążyć do celu. Wierzył w siebie, swoje umiejętności i możliwości. W projekty angażował się w stu procentach. To, co osiągnął, zawdzięczał sobie. Nie ustrzegł się w swoim życiu błędów związanych z chorobliwym uzależnieniem od pracy – omal nie zmarł z przepracowania i związanego z nim niedojadania. Przez pracę rozpadło się jego małżeństwo. To ciemne strony jego życia. Dla nas pozostanie przede wszystkim genialnym inżynierem i konstruktorem samochodów RR będących synonimem „tego, co najlepsze".

KALENDARIUM:

27 marca 1863 – narodziny Henry'ego Royce'a, najmłodszego w piątki rodzeństwa, w ubogiej farmerskiej rodzinie w środkowej Anglii

1872 – ojciec Henry'ego umiera na raka

1878 – rozpoczęcie przez Henry'ego nauki i pracy

w kuźni brytyjskich inżynierów Great Northern Railway
1880 – rezygnacja z nauki z powodów finansowych
1883 – praca w Electric Light and Power Company
w Londynie
1884 – założenie wraz ze wspólnikiem Ernestem
Claremontem firmy FH Royce and Co zajmującej się elektrycznymi instalacjami do-
mowymi
1893 – małżeństwo z Minnie Punt, siostrą żony
swojego wspólnika
1894 – rozpoczęcie produkcji prądnic oraz słynnych ze swej niezawodności dźwigów elektrycznych (ostatni dźwig Royce'a wyprodu-
kowano w 1964 roku!)
1903 – zapada decyzja o budowie pierwszego samochodu osobowego Royce'a – 10hp Royce
4 maja 1904 – historyczne spotkanie Henry'ego
Royce'a i Charlesa Rollsa w Midland Hotel w Manchesterze, podczas którego zapada decyzja o stworzeniu firmy produkującej
auta pod marką Rolls-Royce

1905 – na rynek wchodzi kolejny samochód o symbolu 20hp

1908 – otwarcie nowej fabryki RR w Derby; tam powstaje auto o nazwie Silver Ghost uznane wówczas za najlepszy samochód świata

1910 – tragiczna śmierć Charlesa Rollsa w katastrofie samolotowej

1912 – rozwód Royce'a z Minnie

1915 – rusza produkcja silników lotniczych na zamówienie rządu brytyjskiego w czasie I wojny światowej

1928 – rozpoczęcie prac nad słynnym lotniczym silnikiem R

1929 – samolot wyposażony w silnik R bije rekord świata w prędkości lotu (357,7 mili na godzinę)

1930 – Royce otrzymuje tytuł baroneta za zasługi dla brytyjskiego lotnictwa

22 kwietnia 1933 – Royce umiera w wieku 70 lat

CIEKAWOSTKI:

- Jako nastolatek Royce chodził od drzwi do drzwi w poszukiwaniu zajęcia. W końcu znalazł pracę w niewielkim warsztacie. Pracował 54 godziny tygodniowo za 11 szylingów (w przeliczeniu na obecną wartość waluty to około 60 funtów tygodniowo). Zaczynał pracę o 6.00, a kończył o 22.00. Gdy prowadził już własną firmę, takiego samego zaangażowania wymagał od swoich podwładnych.
- Jedyną pasją Royce'a poza pracą było ogrodnictwo. Był zwolennikiem przycinania korzeni w drzewach i krzewach. Jego drzewa, jabłonie i grusze, nie były duże, wydawały natomiast mnóstwo przepysznych owoców. Niewielkie krzewy róż rosnące w jego ogrodzie były ponoć przepiękne.
- Firma FH Royce and Co produkująca legendarne ze względu na swoją niezawodność dźwigi warta była pod koniec lat 90. XIX stulecia blisko 3000 funtów, co w przeliczeniu na obecną wartość waluty stanowi około 300 000 funtów.

Zamówienia spływały z różnych krajów. Kapitał zakładowy nowo utworzonej firmy produkującej dźwigi opiewał na 30 000 funtów – odpowiednik dzisiejszych trzech milionów. Gdy startowali nieco ponad 10 lat wcześniej, w 1884 roku, zainwestowali w nią… 70 funtów!

- Rolls, wielki miłośnik awiacji, namawiał Royce'a, aby ten skonstruował silnik lotniczy. Inżynier długo się przed tym bronił, lecz w czasie I wojny światowej został zmuszony przez rząd brytyjski do uruchomienia produkcji jako wkład fabryk RR w wysiłki wojenne królestwa. Produkcja silników lotniczych trwa do dziś; w silniki ze znaczkiem RR wyposażony był między innymi francuski super odrzutowiec pasażerski Concorde.

ŹRÓDŁA I INSPIRACJE:

Peter Pugh, *The Magic of a Name: The Rolls-Royce Story*, Part 1: *The First Forty Years*, Icon Books Ltd., 2000.

Jonathan Wood, „*The Rolls-Royce*", Shire, 2003.

Biografia Henry'ego Royce'a w Wikipedii: https://en.wikipedia.org/wiki/Henry_Royce.

Aviation News, „Flight Global", https://www.flight-global.com/pdfarchive/view/1956/1956%20-%201423.html.

Oficjalna strona firmy Rolls-Royce: https://www.rolls-roycemotorcars.com.

Helena Rubinstein

(1872-1965)

Polka żydowskiego pochodzenia,
jedna z pierwszych na świecie kobiet-
-przedsiębiorców, twórczyni pierwszego
w historii imperium kosmetycznego,
w chwili śmierci jedna z najbogatszych
na świecie bizneswoman

Urodziła się w ubogiej, jedenastoosobowej, żydowskiej rodzinie na krakowskim Kazimierzu.
Jako 12-latka pracowała już na „pełen etat" jako
domowy zaopatrzeniowiec i opiekunka młodszego rodzeństwa. Gdy miała lat szesnaście, zajmowała się sklepem ojca, który nie dawał sobie rady
w interesach. Jednak zanim skończyła 20 lat, wy-

rzucono ją z domu za nieposłuszeństwo. Bez pieniędzy, bez wykształcenia, z dwunastoma słoiczkami kremu do twarzy w wieku 24 lat wyruszyła na drugi koniec świata: do Australii. Na przekór wszystkiemu odniosła sukces. Cesarzowa piękna – mówiono o niej. Byłs pomysłodawczynią spa i jedną z najbogatszych kobiet XX wieku. Z kosmetyki stworzyła gałąź przemysłu. Rozwinęła swój biznes na trzech kontynentach. Wytyczyła kierunki rozwoju współczesnej kosmetyki i przekonała miliony kobiet na całym świecie, że dbanie o wygląd nie jest fanaberią, tylko prawem do demonstrowania swojej osobowości i niezależności.

Helena, a właściwie Chaja Rubinstein urodziła się w 1872 roku w podkrakowskim Kazimierzu jako najstarsza córka Gitel i Hercla Rubinsteinów, właścicieli sklepu handlującego naftą i produktami spożywczymi. Helena miała siedmioro młodszych sióstr i brata. 11-osobowa rodzina zajmowała dwie niewielkie izby w kamienicy w centrum Kazimierza. Ojciec, mimo że miał sklep, ledwo wiązał koniec z końcem. To, że firma jakoś funkcjonowała, było tylko i wyłącznie zasługą… najstarszej córki, która odkąd tylko nauczyła się pisać, czytać i liczyć, pomagała ojcu w prowadzeniu ksiąg rachunkowych, targowała się z dostawcami, negocjowała zamówienia i zdobywała klientów! To tam właśnie uczyła się podstaw biznesu, a naukę tę wykorzystywała przez całe życie. W czasie „wolnym" Helena pomagała mamie w domu i pilnowała młodszego rodzeństwa. Dzień miała wypełniony pracą od rana do wieczora, ale to jej nie przeszkadzało, była bowiem bardzo pracowita. W wieku 12 lat odpowiadała za całą organizację i zaopatrzenie domu w najważniejsze produkty. Właśnie te obowiązki rozwinęły jej talenty organizacyjne. Była też rozjemcą i pośrednikiem w kontaktach między swoim młodszym rodzeństwem a rodzicami. Po latach w jednym z wywiadów powiedziała: „Trudna sytuacja materialna w moim rodzinnym domu przygotowała mnie do pracy jako właściciela firmy, który musi zarządzać finansami, organizować pracę i rozwiązywać konflikty między podwładnymi".

Z domu rodzinnego wyniosła coś jeszcze, co stało się w ciągu kolejnych kilkudziesięciu lat obiektem pożądania milionów kobiet na całym świecie – krem, jakim co wieczór mama Gitel smarowała twarze swoich córek. Taki był zwyczaj w domach żydowskich – każda rodzina miała swoją „tajną" recepturę na krem do pielęgnacji cery. Miała ją także rodzina Rubinsteinów.

Zgodnie z ortodoksyjną tradycją żydowską Helena musiała przerwać naukę w wieku 16 lat. Była tym załamana, ponieważ bardzo lubiła się uczyć, a jej pasją była przede wszystkim matematyka. Marzyła nawet o studiach. I właśnie jako 16-letnia dziewczyna zakochała się w ubogim studencie medycyny na Uniwersytecie Jagiellońskim – Stanisławie. Rodzice nie chcieli jednak słyszeć o małżeństwie córki z gojem, więc znaleźli jej o kilkadziesiąt lat starszego, bogatego wdowca, właściciela dużej kamienicy i kilku sklepów. Helena przeciwstawiła się woli rodziców, co w tamtych czasach w żydowskim środowisku było rzadkością. Ujawniła w ten sposób swój silny charakter, który już niebawem pomógł jej zawojować trzy kontynenty. Krnąbrna córka została zmuszona do opuszczenia rodzinnego domu. W wieku niespełna 20 lat wyjechała do mieszkającej w Wiedniu rodziny matki. Już nigdy nie zobaczyła swojego rodzinnego domu...

W stolicy Austrii pomagała ciotce w wychowaniu dzieci oraz w sklepie z futrami, który prowadził wuj. Tam nauczyła się handlowania luksusowymi towarami. Doskonaliła również język niemiecki, którego znajomość bardzo przydała jej się później. To dowodzi, że warto wykorzystywać każdą okazję do nauki nowych umiejętności. Tam też z pełną mocą ujawniła się jej miłość do drogich, pięknych przedmiotów, do luksusu, który poznała w bogatej rodzinie ciotki. Oczarowana miejscowymi teatrami, muzeami i kawiarniami wiedziała już na pewno, że chce wieść takie życie. Nie ograniczyła się jednak do marzeń o takim stylu życia, lecz postanowiła go osiągnąć. Po nieco ponad roku Wiedeń stał się dla niej za mały. Ku rozpaczy swojej matki, a uldze ciotki (która przez cały czas szukała dla niej męża, zaś Helena wszystkich kandydatów notorycznie odrzucała) 20-latka zdecydowała się na podróż życia do Australii, gdzie mieszkała siostra jej matki. Ciotka wyszła za farmera, urodziła mu kilkoro dzieci i potrzebowała pomocy w opiece nad nimi. Helena ze swoim doświadczeniem wyniesionym z domu rodzinnego idealnie się do tego nadawała.

Na podróż do Nowego Świata dostała… dwanaście słoiczków cudownego kremu rodziny Rubinsteinów. Po dwóch miesiącach podróży statkiem przybyła do Australii. W miasteczku Coleraine, oddalonym o 100 kilometrów od Melbourne, pomagała wujostwu w domu, pracując jednocześnie jako sprzedawczyni w miejscowym sklepie. Po trzech latach takiego życia ambitna Helena nie wytrzymała: zostawiła ciotkę z rodziną i wyruszyła na podbój Melbourne. Rozpoczęła pracę jako sprzedawczyni w aptece. Ta niepozorna dziewczyna (miała niespełna 1,5 metra wzrostu) zwróciła uwagę ogorzałych Australijek mlecznobiałą cerą, pielęgnowaną wieczorami za pomocą kremu przywiezionego z Polski. Wtedy to Helena wpadła na pomysł, który zmienił jej życie i sprawił, że stała się jedną z najbardziej znanych w historii bizneswoman i prekursorką współczesnej kosmetyki – a gdyby tak sprzedawać ten krem, który przecież testuje na sobie od tylu lat i wie, że jest skuteczny? Tak! To jest myśl! Jednak kremu było tylko 12 słoików i szybko się skończył, a klientki chciały więcej i więcej!

Helena poprosiła o recepturę chemika, doktora Lukyskego, który bywał u nich w domu na Kazimierzu. Dostała z Polski list, a w nim skład kremu. Zgodnie ze wskazówkami samodzielnie przygotowywała go w kuchni swojego mieszkania w Melbourne. Całymi dniami siedziała w swoim domowym laboratorium, mieszając składniki i testując. Żmudna praca i setki godzin doświadczeń zaprocentowały. Produkt był świetnej jakości. W kremie, jaki wypuściła na rynek, znalazły się między innymi „esencja migdałowa i sproszkowana kora pewnego drzewa iglastego rosnącego w Karpatach" – tak reklamowała swój kosmetyk sprytna Helena, nazywając go Valaze. „Dlaczego tak? Bo to nieźle brzmi" – mówiła, gdy ją o to pytano.

Dzisiaj powiedzielibyśmy, że Helena była świetną specjalistką od marketingu. Chwytliwa nazwa kremu oraz… bardzo wysoka cena okazały się magnesami przyciągającymi klientki, które za słoiczek kremu płaciły średnią miesięczną pensję. Helena znała dobrze psychikę swoich klientek. „Kobiety nie zaufają czemuś, co jest bardzo tanie" – mówiła. W 1902 roku uruchomiła w Melbourne swój pierwszy salon piękności o nazwie… Valaze. Otworzyła go, pożyczywszy 250 dolarów od kobiety, z którą podróżowała statkiem i której obiecała w czasie rejsu, że nauczy jej dzieci języka niemieckiego. Zatem pobyt w Wiedniu i szlifowanie języka miały sens! Tak to drobne, zdawałoby się, decyzje i sploty okoliczności pomogły jej w realizacji wielkich marzeń. A marzenia Heleny sięgały daleko. Wiedziała, że ma znakomity produkt, za który kobiety są w stanie zapłacić majątek, potrzebowała więc nowych rynków zbytu. Skierowała swoją uwagę na największe europejskie stolice i na Stany Zjednoczone.

Zanim jednak wyruszyła na podbój świata, poznała Edwarda Titusa, Amerykanina o polskich (i żydowskich!) korzeniach, podróżnika, dziennikarza i pisarza. Zakochali się w sobie i w 1907 roku pobrali. Rok później przyszedł na świat ich pierwszy syn Roy, a w 1912 roku drugi – Horacy. Titus już jako szef marketingu w firmie Rubinstein napisał teksty reklamowe kremu do największych gazet australijskich. Efektem tej kampanii było 15 tysięcy zamówień. Helena zarobiła w ten sposób pierwsze poważne pieniądze – sto tysięcy dolarów. Za nie postanowiła rozkręcić biznes w Europie, ale najpierw musiała zapewnić dopilnowanie swoich spraw w Australii. Ściągnęła więc swoją młodszą siostrę Ceśkę, która poprowadziła dalej interesy w kraju kangurów, a ona sama ruszyła na podbój Europy.

Pierwszy wybór padł na purytański Londyn. Tu musiała zmierzyć się przede wszystkim z mentalnością kobiet, które nie były nauczone dbania o siebie za pomocą kosmetyków i uważały, że szminka, krem oraz puder przeznaczone są jedynie dla prostytutek i aktorek. W 1908 roku w Londynie ruszył pierwszy salon piękności Valaze. Przy jego otwarciu Helena znowu wykazała się znajomością ludzkiej psychiki. Nie tylko reklamowała się w prasie, ale także stosowała, jakbyśmy dzisiaj powiedzieli, marketing szeptany. Zadowolone klientki, które na przykład pozbyły się trądziku czy rozszerzonych naczyń krwionośnych, reklamowały żarliwie usługi Heleny Rubinstein, stając się ambasadorkami jej marki na londyńskich salonach. Po roku na w Londynie Helena miała tysiąc klientek i mogła wyruszyć dalej, do Paryża.

W stolicy Francji nie trzeba było przekonywać pań do stosowania kosmetyków, jednak przed Rubinstein pojawiło się inne wyzwanie – walka z konkurencją, działały bowiem już tam pierwsze salony piękności. W 1909 roku w paryskim Maison de Beaute Valaze pojawiły się nowe usługi, między innymi elektroliza oraz hydroterapia. W ten sposób Helena Rubinstein wymyśliła pierwsze w historii spa! Na tym nie koniec innowacji. Polska Żydówka z Kazimierza wprowadziła kurację antystresową, a dodatkowo kursy dobrych manier i elegancji. Stworzyła więc pakiety usług i pokonała nimi konkurencję. Otworzyła także fabrykę w podparyskiej dzielnicy Saint Cloud, gdzie wraz z grupą naukowców – chemików, biologów, lekarzy – pracowała nad ulepszeniem receptur swoich produktów.

Gdy wybuchła I wojny światowa, Helena opuściła Europę, by przekonać Amerykanki, że życie bez kosmetyków i luksusowych zabiegów nie ma sensu. Rubinstein dobrze rozumiała, że nie sprzedaje wyłącznie kremów, szminek i zabiegów w spa, ale coś więcej – styl życia, jaki chciałyby wieść przeciętne Amerykanki. Dlatego najpierw postanowiła zdobyć bardzo ważną grupę klientek – dziewczyny z show biznesu: tancerki, aktorki z Brodwayu i gwiazdy kina niemego, a także kobiety nowojorskich mafiozów. Po zdobyciu Nowego Jorku Helena otworzyła sklepy i salony w Bostonie, Chicago oraz San Francisco. Jej kremy, pudry i szminki kosztowały majątek, ale kobiety płaciły za nie bez oporów, gdyż mając w torebce kosmetyki z logo HR, czuły się jak gwiazdy filmowe. W 1923 roku w katalogu reklamowym wydanym przez Helenę Rubinstein znalazło się

80 produktów do pielęgnacji skóry, 160 produktów do makijażu oraz kremy wyszczuplające. Przedsiębiorstwo małej Żydówki z Kazimierza stało się firmą ogólnoświatową.

Na początku Wielkiego Kryzysu w 1928 roku zdecydowała się niespodziewanie na sprzedaż części udziałów w firmie spółce Lehman Brothers za blisko 8 milionów dolarów. Powodem tej trudnej decyzji była próba ratowania małżeństwa z Edwardem Titusem. Helena będąca pracoholiczką cały swój czas poświęcała firmie. Działo się to kosztem nastoletnich wtedy synów i męża. Niestety, sprzedaż firmy nie pomogła. Małżonkowie już zbyt się od siebie oddalili i nie było czego ratować. Po kilku latach, w roku 1936, nastąpił rozwód. Dodatkowym ciosem dla Heleny był fakt, że jej mąż odszedł do właścicielki firmy, z którą konkurowała – Elizabeth Arden. Najpierw został jej pracownikiem, szefem marketingu, a potem mężem. Zrozpaczona Helena rzuciła się w wir pracy, odkupując swoją firmę od braci Lehman w najgłębszym kryzysie gospodarczym za... niespełna dwa miliony dolarów! W ten sposób zarobiła 6 milionów. W 1938 roku w Paryżu wyszła za mąż za 15 lat młodszego od niej księcia gruzińskiego Achilę Gourielliego. Związek przetrwał do jego śmierci w 1956 roku.

Czas II wojny światowej Helena spędziła w USA, by po jej zakończeniu wrócić do Paryża jako 70-letnia kobieta. Zaawansowany wiek absolutnie nie przeszkadzał jej w ponownym rozkręcaniu biznesu. Z energią zabrała się do pracy – tak jak przed laty opracowywała nowe receptury kremów i sprzedawała paryżankom. Helena Rubinstein wykazywała się niesamowitym zmysłem i intuicją, potrafiła metodą prób i błędów oraz ogromnym nakładem czasu i pracy tworzyć bardzo dobre jakościowo produkty, które pomagały milionom kobiet na całym świecie. Do dzisiaj zachowały się zdjęcia, na których widzimy Helenę siedzącą w swoim laboratorium i pracującą nad fiolkami, menzurkami na tle regałów zastawionych kremami i składnikami do ich produkcji. Nie miała ani wykształcenia dermatologicznego, ani kosmetologicznego.

Wszystko, czego się nauczyła o ludzkiej skórze, zawdzięczała samodzielnemu studiowaniu artykułów w prasie medycznej oraz książkach, i oczywiście własnym, długoletnim doświadczeniom wyniesionym ze współpracy z najlepszymi specjalistami na świecie. W 1950 roku zaproponowała klientkom nowatorski preparat oczyszczający pory skóry, a wkrótce po nim pierwszy w historii preparat ujędrniający. W roku 1955 firma Helena Rubinstein była numerem jeden w Europie. Posiadała 150 fabryk oraz 32 instytuty urody na całym świecie.

Helena była pełna sprzeczności. Z jednej strony otaczała się luksusem, a z drugiej spała w piżamie za 4 dolary i kupowała najtańsze rajstopy za 90 centów. Lunch nosiła do pracy w papierowej torebce. Wydawała miliony na obrazy, a swoich pracowników pouczała, jak oszczędnie korzystać z elektryczności. Bezwzględna i wymagająca dla wszystkich i siebie samej. W środku krucha i samotna, niezrozumiana nawet przez najbliższych. Praca była dla niej wszystkim. Jak mawiała, „praca jest najlepszym lekarstwem na zmarszczki, zarówno na twarzy jak i na umyśle". Zmarła w wieku 93 lat, pracując w swoim gabinecie w Paryżu.

Helena Rubinstein obdarzona była odwagą, inteligencją i wolą osiągnięcia sukcesu na przekór wszystkiemu. Nie dość, że była kobietą, to jeszcze Żydówką i to biedną. Była też cudzoziemką, co nie ułatwiało jej życia. Dzięki swojemu uporowi pokonała wszelkie przeszkody na drodze do sukcesu. Była geniuszem marketingu, już w 1904 roku korzystała z reklam prasowych. W swoich sklepach i salonach piękności wprowadzała innowacyjne zmiany w sposobie sprzedaży produktów kosmetycznych i usług. Kosmetyki istniały od czasów starożytnych jednak ona jako pierwsza zdefiniowała nowe pojęcie kosmetyki popartej naukowym podejściem. Tym bardziej jest to godne podkreślenia, że nie posiadała naukowych, teoretycznych podstaw a wszystko osiągnęła dzięki samodzielnej nauce i ciężkiej pracy. Pomogły jej przy tym wyniesione z domu umiejętności i naturalne talenty, z których mądrze korzystała.

KALENDARIUM:

24 grudnia 1872 – narodziny Heleny (Chai) Rubinstein na krakowskim Kazimierzu (niektóre źródła jako rok jej narodzin podają w roku 1870)

1884 – jako 12-letnia dziewczynka przejmuje w domu obowiązki zaopatrzeniowca i opiekunki młodszego rodzeństwa

1888 – Helena zmuszona jest zakończyć swoją edukację zgodnie z żydowską tradycją; pomaga ojcu w prowadzeniu sklepu i to bardzo skutecznie

1889 – wyjazd do Wiednia, do wujostwa prowadzącego sklepy z luksusową odzieżą; tam uczy się sprzedaży drogich towarów

1896 – wyjazd do Australii do małego miasteczka Caloreine, do wujka farmera; ma pomagać w prowadzeniu domu i wychowaniu trójki kuzynostwa

1899 – przeprowadzka do Melbourne i rozpoczęcie sprzedaży kremu Valaze, który przywiozła z Polski i następnie sama produkowała według receptory otrzymanej od przyjaciela domu, chemika doktora Lukyskego

1902 – otwarcie pierwszego salonu piękności Valaze w Melbourne

1904 – pierwsza reklama produktów i salonu Heleny Rubinstein w prasie australijskiej; dzięki niej otrzymuje 15 tysięcy zamówień na krem i zarabia 100 tys. dolarów

1907 – wychodzi za mąż za Edwarda Titusa, Amerykanina polskiego pochodzenia, podróżnika i pisarza

1908 – wyjazd do Europy, do Londynu i narodziny pierwszego syna Roya

1909 – Helena rusza na podbój Paryża, gdzie wymyśla pierwszy w historii branży kosmetycznej salon spa

1912 – narodziny drugiego syna ze związku z Titusem – Horacego

1914 – wyjazd do Stanów Zjednoczonych i uruchomienie biznesu w Nowym Jorku, Bostonie i San Francisco

1923 – w katalogu firmy Helena Rubinstein znajduje się ponad 200 produktów kosmetycznych!

1928 – Helena sprzedaje swoje udziały firmie Le-
       hman Brothers; robi to, by ratować swoje
       małżeństwo z Titusem (przez pracoholizm
       zaniedbuje dwóch synów i męża – wolna od
       obowiązków zawodowych chce im poświę-
       cać więcej czasu)
1936 – próby ratowania związku nie udają się; Hele-
       na i Edward rozwodzą się
1937 – cesarzowa piękna odkupuje swoją firmę od
       braci Lehman za… niespełna dwa mln dola-
       rów – 6 mln poniżej ceny sprzedaży
1938 – wychodzi powtórnie za mąż; jej wybrankiem
       jest o 15 lat młodszy książę gruziński Achila
       Gourielli
1939 – przez wybuch II wojny światowej Helena
       traci cały europejski biznes; zawieruchę wo-
       jenną przeczekuje w USA, by po wojnie po-
       wrócić do Paryża i jako 70-letnia kobieta za-
       cząć wszystko od nowa
1950 – na rynku pojawia się pierwszy w historii no-
       watorski preparat autorstwa Heleny oczysz-
       czający pory skóry, a trzy lata później pierw-
       szy krem ujędrniający skórę

1955 – firma z logo HR jest numerem pierwszym
w branży kosmetycznej w Europie
1 kwietnia 1965 – pracując w swoim gabinecie w Paryżu, Helena doznaje udaru; odwieziona do
szpitala umiera w wieku 93 lat

CIEKAWOSTKI:

- Gdy Helena Rubinstein umierała, jej firma
była warta sto milionów dolarów. Pierwszy
milion zarobiła od roku 1902 do 1910. Od
czasu, kiedy otworzyła pierwszy salon piękności Valaze w Melbourne, do roku 1965, gdy
zmarła na wylew w Paryżu, stworzyła: 62 kremy, 78 rodzajów pudru, 46 odmian perfum,
wód kolońskich i wód toaletowych, 69 emul-
sji do skóry oraz 115 szminek. Do jej najbardziej innowacyjnych kosmetyków należą: wodoodporny tusz do rzęs oraz krem z filtrem
przeciwsłonecznym. Jako pierwsza rozpoczęła tworzenie kremów dedykowanych do rodzaju skóry, a już w 1934 roku w swoim la-

boratorium w fabryce w podparyskim Saint Cloud wraz ze sztabem naukowców – chemików, biologów, lekarzy – stworzyła krem hormonalny przeciwko starzeniu skóry. Jej produkty obecne były na trzech kontynentach: w Australii, Europie, Ameryce Północnej. Po II wojnie światowej odbudowała swoje imperium, by w roku 1955 stać się numerem jeden w Europie. W latach 60. posiadała 150 fabryk oraz 32 instytuty piękności na całym świecie. Zatrudniała w nich 30 tysięcy pracowników. Kilka lat po jej śmierci, w 1973 roku, spadkobiercy sprzedali markę Helena Rubinstein firmie Colgate Palmolive, a obecnie kosmetyki z sygnaturą HR należą do światowego potentata L'Oreal.

- Helena Rubinstein była pracoholiczką. Do końca samodzielnie kierowała swoim imperium. Ostatnie instrukcje wydawała ze swojej sypialni, gdzie odpoczywała w łożu z przejrzystego plastiku w kształcie sań. Sędziwej madame zdarzało się przysypiać podczas zebrań. Wystarczyło jednak słowo „dolar" albo „cent", aby od razu się budziła. Ku rozczarowaniu spadkobierców utworzyła rodzinny zarząd powierniczy, zmuszając potomków do dalszej pracy.

- Kochała piękne rzeczy, a luksus wpisywała w koszty firmy. Swoje piękne stroje uznawała za „ubrania robocze" i tak też przedstawiała je w rozliczeniach z urzędem podatkowym. Zwroty dostawała z dwóch urzędów: w Nowym Jorku i w Paryżu. Jej piękny apartament w Nowym Jorku liczył 26 sypialni, które wypełniały warte miliony dzieła najwybitniejszych malarzy: Picassa, Chagalla, Matisse'a, Miro, Modiglianiego. Helena była natchnieniem dla największych malarzy jej czasów. W sumie powstało 27 jej portretów namalowanych między innymi przez Salvadora Dali, Pablo Picasso czy Helen Dufy.

- Przez całe życie wstydziła się swojego ubogiego żydowskiego pochodzenia i tworzyła o sobie zmyślone „piękne historie". Opowiadała, że pochodzi z zamożnej polskiej rodziny, a dzieciństwo i młodość spędziła w szczęśliwej atmosferze w wielkim, starym domostwie. Pokoje były zapełnione zbiorami ojca, który kolekcjonował bibeloty, antyki i książki. Mając około 20 lat zmieniła imię na Helena. Konsekwentnie przez całe życie odejmowała sobie kilka lat, gdyż jak twierdziła, „kobieta powinna ambiwalentnie podchodzić do kwestii swojego wieku".

- W swoim paryskim salonie piękności już w 1909 roku Helena proponowała klientkom nie tylko masaże, ale także kurację antystresową za pomocą… wibratora! Na przełomie XIX i XX wieku lekarze zalecali wibratory kobietom cierpiącym na histerię powodowaną seksualnym niespełnieniem. Helena postanowiła z tego pomysłu skorzystać i w taki nietypowy sposób, urozmaicając swoje usługi pokonała konkurencję w stolicy Francji.

CYTATY:

„Ludzie domagają się krótszego czasu pracy. Myślą, że mają potem coś ważniejszego do roboty. A to praca jest najważniejsza".

„Niektóre kobiety nie kupią niczego, jeśli to będzie za tanie”.

„Zawsze myślałam, że kobieta powinna ambiwalentnie traktować kwestię swojego wieku”.

„Nic tak jak praca nie likwiduje zmarszczek na twarzy i umyśle”.

„Nie ma brzydkich kobiet, są tylko leniwe”.

„Mężczyźni są tak samo próżni jak kobiety, a czasami nawet bardziej”.

„Zawsze odchodź od stołu, kiedy jeszcze czujesz, że możesz zjeść więcej”.

„Praca jest najlepszym antidotum na zmartwienia”.

„Piękno jest potęgą”.

„Chociaż doba ma 24 godziny, ja w tym czasie pracuję 50 godzin”.

ŹRÓDŁA I INSPIRACJE:

Historia wielkiej Heleny Rubinstein, „Gazeta Krakowska", http://www.gazetakrakowska.pl/artykul/397471,historia-wielkiej-heleny-rubinstein,1,id,t,sa.html.

Helena Rubinstein – skąpa cesarzowa piękna, „Newsweek", http://www.newsweek.pl/styl-zycia/zycie-heleny-rubinstein,69756,1,1.html.

Katarzyna Modzelewska, *Rubinstein – ładna historia*, vumag.pl, http://vumag.pl/ludzie-uroda/rubinstein-ladna-historia/pkccc.

Michelle Fitoussi, *Helena Rubinstein. Kobieta, która wymyśliła piękno*, Bernard Grasset, 2010.

Sonia Rykiel

(1930-2016)

**francuska aktorka, pisarka, piosenkarka
i przede wszystkim projektantka, ikona
światowej mody drugiej połowy XX wieku,
założycielka domu mody Sonia Rykiel,
który prowadziła przez blisko pół wieku**

Rudowłosa i ubrana zawsze na czarno. Projektantka „najwygodniejszych sukienek na świecie", królowa dzianiny. Jedna z najbardziej rozpoznawalnych postaci świata mody. Artystka głęboko wierząca w siebie i w swoje nieograniczone możliwości. Uważała, że nic jej nie może stanąć na przeszkodzie w realizacji marzeń. Swój sukces i odważny styl przypisywała… brakowi formalnego wykształcenia. „Na niczym się nie znałam, więc robiłam wszystko, co chciałam. Nie słuchałam nikogo. Byłam autorytarna, liczyło się dla mnie tylko moje własne zdanie. Ludzie mnie kochali albo nienawidzili" – wyjaśniała w jednym z wywiadów prasowych w 2008 roku. Do wszystkiego doszła samodzielnie, ucząc się i ciężko pracując przez całe życie. Z butiku otwartego w 1968 roku w Paryżu stworzyła w ciągu 40 lat sieć blisko dwóch tysięcy współpracujących z nią salonów w 30 krajach Europy, Azji i Stanów Zjednoczonych. Marka Sonia Rykiel wyceniana jest na 2,2 miliarda dolarów (dane z 2016 roku).

Sonia Rykiel, z domu Flis, była córką żydowskich emigrantów z Polski, którzy w okresie między I a II wojną światową wyjechali do Francji. Była najstarszą z pięciu córek. Jej ojciec Alfred Flis z pochodzenia był Rumunem, a z zawodu zegarmistrzem, zaś pochodząca z Rosji matka Funny zajmowała się domem i wychowaniem pięciu córek. Od najmłodszych lat Sonia pomagała w domu oraz opiekowała się młodszymi siostrami. W związku z tym brakowało jej czasu na naukę. Gdy miała 9 lat, wybuchła II wojna światowa i Sonia nie zdobyła żadnego wykształcenia. Nie przeszkodziło jej to jednak w osiągnięciu sukcesów na wielu polach artystycznych. Już jako nastolatka interesowała się kulturą i sztuką. W późniejszych wywiadach prasowych wspominała, że rodzice byli prostymi ludźmi, lecz często przy posiłkach, gdy cała rodzina spotykała się przy stole, rozmawiano o sztuce, literaturze i… polityce. Sonia posiadała szeroką wiedzę ogólną o świecie. Jej matka przywiązywała bardzo dużą wagę do ubioru. Udało jej się wyrobić dobry smak u swoich córek. W roku 1948 siedemnastoletnia Sonia znalazła dla siebie pracę dekoratorki wystaw w sklepie odzieżowym Grande Maison de Blanc w Paryżu. Jednym z powodów wyboru właśnie tego zajęcia był fakt, że, dekorując wystawy, mogła realizować swoje artystyczne pasje i zdolności. I realizowała je naprawdę skutecznie. Pewnego razu przechodzący obok sklepu malarz Henri Matisse zachwycił się sposobem ułożenia szali na wystawie oraz doborem kolorów i kupił wszystkie! Jej styl prezentowania towarów zwrócił uwagę Sama Rykiela, właściciela znanego paryskiego butiku z ekskluzywną odzieżą o nazwie Laura. Najpierw zatrudnił Sonię u siebie, a następnie, w roku 1953, ożenił się z nią. Para miała dwoje dzieci: córkę Nathalie i syna Jean-Philippe'a. Ich związek trwał 15 lat. W roku 1968 małżonkowie rozstali się w zgodzie. Po rozwodzie Sonia nie wyszła już powtórnie za mąż.

W początkach małżeństwa z Samem Sonia nie myślała o pracy projektantki. Chciała mieć natomiast dziesięcioro dzieci i poświęcić się ich wychowaniu i prowadzeniu domu. Jednak gdy była w ciąży z drugim dzieckiem, nie mogła znaleźć ubrań, które by jej się podobały. Wszystkie były jej zdaniem smutne i nijakie. Na początku lat 60. sukienki ciążowe miały tylko jedno zadanie: ukryć rosnący brzuch, tak jakby ciąża była czymś wstydliwym i wprawiającym w zakłopotanie. Natomiast nastrój Sonii był przeciwieństwem takiego podejścia. „Chciałam pokazać światu, jaka jestem szczęśliwa" – wspomina Sonia. Po raz kolejny okazało się, że potrzeba jest matką wynalazku. A jeśli matką wynalazku zostaje przyszła matka, to sukces przedsięwzięcia jest niemal pewny. „Zaprojektowałam wtedy dla siebie kostium z dopasowaną górą i opływającą sylwetkę spódnicą" – opowiadała. To była prawdziwa rewolucja w podejściu do mody dla kobiet spodziewających się dziecka. Najpierw szał ogarnął znajome Sonii, które domagały się kolejnych projektów, a gdy te pokazały się na wystawie butiku Laura, szaleństwo dopadło całe młodsze pokolenie paryżanek!

Zainteresowanie odzieżą projektowaną przez Sonię było tak duże, że w 1968 roku postanowiła otworzyć swój pierwszy własny butik, gdzie sprzedawała nie tylko rzeczy dla kobiet w ciąży, lecz także inne ubrania o nowatorskiej linii. Wśród nich największym przebojem był tak zwany *poor boy sweter* (sweter biednego chłopca). Sweter o trzy rozmiary z mały wyglądał, jakby zbiegł się w praniu. Zwężał ramiona i tors, a wydłużał nogi, co bardzo podobało się kobietom. Na przełomie lat 60. i 70. nosiły go największe gwiazdy kina: Audrey Hepburn, Lauren Bacall, Catherine Deneuve. To one w dużej mierze pomogły wtedy mało znanej projektantce wejść na szczyt popularności, lecz nie byłoby to możliwe, gdyby nie fakt, że ta mało znana projektantka miała znakomity zmysł obserwacji i była świetnym psychologiem rozumiejącym, czego potrzeba kobietom. Dała im… swobodę ruchów. Czy stało się to dzięki wyniesionej z domu i tak cenionej przez Sonię wolności? Pewnie tak. „Jesteśmy kobietami pracującymi, ale też mamy problemy z dziećmi, mężczyznami, musimy troszczyć się o dom, mamy tyle na głowie" – mówiła, prezentując swoje prace na pokazach. „Jesteśmy zbyt zagonione, by zaprzątać sobie głowę zmieniającymi się trendami". Osoby, które chciały świetnie wyglądać, ale nie zamierzały poświęcać na to wiele czasu, mogły odetchnąć z ulgą. By nie musiały przebierać się w ciągu dnia, Sonia stworzyła nawet dwustronne sukienki i marynarki. Lansowała też kuloty, czyli spódnico-spodnie – eleganckie jak spódnica, a wygodne jak spodnie.

Sonia z kolejnymi latami samodzielnej nauki i pracy zdobywała nowe doświadczenia, udoskonalała projekty i samodzielnie uczyła się swojego zawodu. To, że odnosiła sukcesy, nie sprawiało, że czuła się spełniona. Ciągle szukała nowych wrażeń i pomysłów. Chciała się rozwijać. Pracując, zawsze miała na celu zaspokojenie potrzeb klientek. Potrafiła bardzo dobrze wczuć się w ich oczekiwania, a następnie je spełnić. Kiedy rozpoznała dokładnie potrzeby klientek, przychodził czas, by do akcji wkroczyła artystyczna dusza Sonii, która praktyczne pomysły zamykała w nowatorskiej, niekonwencjonalnej modzie. To była jej siła i znak firmowy – artystyczne podejście do mody. Jak wspominała, moda zawsze kojarzyła się jej z kulturą i wolnością. Wraz z artyzmem pojawiało się nowatorstwo. Sonia była bardzo pomysłowa i odważna w swoich projektach. Jako pierwsza zastosowała szwy na prawej stronie ubrań. Pozwoliła również na to, aby otwory na ręce i głowę pozostały bez wykończenia, co nadawało jej projektom buntowniczego charakteru i pozwalało od razu zidentyfikować autora projektu. Na jej swetrach pojawiały się napisy i różne sentencje, także polityczne, co w tamtych czasach było nowością. Wiedziała, że ludzie podążają za odważnymi liderami.

Takie genialne i jednocześnie proste pomysły nie spadały z nieba. Sonia spędzała długie godziny w swojej pracowni, rysując i szyjąc prototypy. Pracowała nad swoją innowacyjnością. Wiedziała, że jest ona gdzieś w niej, tylko trzeba jej pomóc się ujawnić. Czuła, że sposobem na to jest ciężka praca i wnikliwa obserwacja różnych aspektów i dziedzin życia. Te obserwacje i wyciągane z nich wnioski dawały jej inspirację do kolejnych projektów. Nawet jej pokazy mody były czymś nowym w branży. Do tej pory na wybiegach paradowały nadęte, smutne modelki, Sonia zaś przekształciła nudne pokazy w wesołą imprezę towarzyską. Jej modelki wychodziły na scenę grupami. Rozbawione, rozgadane i uśmiechnięte wprawiały widzów w dobry nastrój. Sonia wykazała się znajomością ludzkiej psychiki: zadowolony i uśmiechnięty klient chętniej sięgał do portfela! Aby ułatwić klientkom w całej Europie to sięganie do portfela, Sonia Rykiel jako pierwsza projektantka podjęła współpracę z firmą wysyłkową 3 Suisses i zaprojektowała specjalnie dla niej linię ubrań. Seria stała się w ten sposób ekskluzywna. Można było ją dostać tylko na zamówienie, bezpośrednio do domu. To z kolei budziło pożądanie fanek marki. Sonia nie poprzestawała na tylko na pracy projektantki ubrań. Cały czas rozwijała się, szukając pomysłów na siebie w innych dziedzinach. Zagrała w kilku filmach, między innymi w *Prêt-à-porter* w reżyserii Roberta Altmana, który postanowił nakręcić film o świecie mody zainspirowany jednym z pokazów jej kolekcji! Podobnie jak Coco Channel, z którą bardzo często ją porównywano, wypuściła własną serię perfum o nazwie Seventh Sense, która okazała się sukcesem. Sonia próbowała sił jako piosenkarka, a jej najbardziej znana piosenka to wykonana wspólnie z Malcolmem Mclarenem *Who the Hell is Sonia Rykiel?* Pisała książki dla dzieci, poradniki modowe, felietony do gazet i czasopism.

Napisała też powieść wspólnie z francuską pisarką Regine Deforges. O niej samej też powstała książka. Pozycja zatytułowana *Don't forget i'ts a game*, która ukazała się w 2012 roku, ujawniła, że Sonia Rykiel od 1997 roku zmagała się z chorobą Parkinsona. Wiadomość o samotnej walce artystki z chorobą była szokiem dla świata mody i fanów projektantki. Dla niej samej choroba była już tylko „codziennym zmaganiem". Sonię cechowała wewnętrzna siła, która pozwalała jej przeciwstawiać się ciosom, jakie otrzymywała od życia. Jej syn Jean Philippe był od urodzenia niewidomy z powodu zaniedbań lekarskich tuż po porodzie. Obcowanie z niepełnosprawnym synem pozwoliło Sonii wykształcić wielką wrażliwość. Dzięki matce Jean Philippe zdobył wykształcenie muzyczne i obecnie jest znanym kompozytorem i aranżerem. Jego starsza siostra Nathalie przejęła w 1995 roku kierownictwo firmy Sonia Rykiel. Matka i córka współpracowały zgodnie przez dwadzieścia lat, a w pamięci fanów pozostaną zdjęcia obu pań, które podczas pokazów mody wychodziły uśmiechnięte na scenę, trzymając się za ręce. Sonia Rykiel zmarła w sierpniu 2016 roku. Powodem śmierci były powikłania spowodowane chorobą Parkinsona. Miała 86 lat.

Gdybyśmy mieli opisać ją jednym słowem, to najodpowiedniejszym byłoby: Artystka. Ubogi dom rodzinny i brak wykształcenia nie przeszkodziły jej w samorealizacji. Wykorzystała w życiu swoje atuty: wyniesioną z domu miłość do kultury i sztuki, umiłowanie wolności artystycznej, odwagę, pracowitość. Ciężko pracując i osiągając kolejne szczeble kariery zawodowej, nigdy nie przestała się rozwijać. Szukała zawsze innowacyjnych rozwiązań i chodziła swoimi ścieżkami, często na przekór obowiązującym trendom. Realizowała projekty w różnych, artystycznych dziedzinach. Do cech, które zadecydowały o jej szeroko rozumianym sukcesie, musimy dołożyć jeszcze jedną: wiarę w siebie. Wiarę w to, że człowiek sam, jeśli włoży wystarczającą ilość pracy w swój rozwój, może osiągnąć wielkie rzeczy. Zawsze powtarzała: „Dokładnie wiem, czego chcę i nic nie stanie mi na przeszkodzie".

KALENDARIUM:

25 maja 1930 – narodziny Sonii Flis w rodzinie żydowskich emigrantów w Paryżu

1947 – pierwsza praca jako dekoratorka wystaw w jednym ze sklepów odzieżowych w Paryżu

1954 – ślub z Samem Rykielem, właścicielem ekskluzywnego butiku Laura

1955 – na świat przychodzi Nathalie, córka Sonii i Sama

1961 – narodziny syna Jeana Philippe'a

1962 – Sonia prezentuje swoją nowatorską sukienkę dla kobiet w ciąży, która staje się hitem

1967 – Sonię Rykiel okrzyknięto królową dzianiny po tym, jak jej ” pokazał na okładce magazyn „Elle"; ponoć Audrey Hepburn kupiła u niej 14 takich swetrów!

1968 – Sonia i Sam podejmują decyzję o rozwodzie; Sonia otwiera swój pierwszy sklep odzieżowy w dzielnicy Saint Germain w Paryżu

1977 – jako pierwsza projektantka modowa Sonia nawiązuje współpracę z firmą wysyłkową

3 Suisses i tworzy dla niej na wyłączność nową kolekcję

1978 – Sonia Rykiel wkracza z sukcesem na rynek perfum ze swoją kolekcją Seventh Sense

1994 – Sonia gra niewielką rolę w filmie Roberta Altmanna *Prêt-à-porter*; reżysera do nakręcenia filmu o świecie mody zainspirował jeden z pokazów Sonii

1995 – szefostwo domu mody Sonia Rykiel przejmuje Nathalie Rykiel, a Sonia nagrywa wraz z Malcolmem McLarenem piosenkę pod tytułem *Who the Hell is Sonia Rykiel?*

1997 – u Sonii wykryta zostaje choroba Parkinsona; przez 15 lat artystka trzyma tę informację w tajemnicy przed mediami i fanami

2010 – rozpoczyna się współpraca SR z siecią marketów odzieżowych H&M

2012 – ukazuje się biografia Sonii Rykiel *Don't forget it's a game*, w której po raz pierwszy ujawnia kulisy swojej walki z chorobą

2012 – 80% udziałów w firmie Sonia Rykiel kupuje grupa inwestycyjna z Hongkongu Fung Brands

2013 – Sonia Rykiel zostaje odznaczona przez francuski rząd medalem Legii Honorowej w uznaniu jej zasług w dziedzinie mody

25 sierpnia 2016 – Sonia umiera w wieku 86 lat z powodu komplikacji związanych z chorobą Parkinsona

LICZBY:

Salony mody sygnowane logo Sonia Rykiel na świecie: 65

Pracownicy: 365 osób

Sklepów, gdzie można kupić produkty francuskiej marki: około 2000 w 30 krajach

Kontynentów, gdzie sprzedawane są ubrania Sonii Rykiel: Europa, Azja, Ameryka Północna (USA)

Roczne przychody firmy: ponad 120 mln dolarów

Rynkowa wartość marki Sonia Rykiel: 2,2 mld dolarów

Linie produktów: 4 (ekskluzywna Sonia Rykiel, młodzieżowa Sonia, dziecięca Rykiel Enfant oraz produkty wyposażenia wnętrz Sonia Rykiel Maison)

Struktura właścicielska: 80% udziałów jest własnością koncernu Fung Brands z Hongkongu, a 20% pozostało w rękach rodziny Rykiel

CIEKAWOSTKI:

- Jak powstał słynny *poor boy sweater* Sonii? Gdy jeszcze nie zajmowała się modą, przychodziła do sklepu męża i szukała czegoś dla siebie. W 1962 roku trafiła na dostawę swetrów. Wypatrzyła model, który jej się spodobał i poprosiła producentów, żeby zrobili podobny, tyle że dużo mniejszy. Zaczęły się poprawki (ponoć było ich siedem), aż w końcu dostała to, o czym marzyła. Akurat do butiku przyszła dziennikarka „Elle". Sonia tak jej się spodobała w tym swetrze, że trafiła na okładkę pisma. Stała się królową dzianin, nie wiedząc nawet, jak robi się sweter!
- Niechętna obowiązującym trendom łamała reguły. Gdy wszyscy lansowali stylowe spódnice,

ona na pierwszy plan wysuwała spodnie. W czasie mody na mroczne klimaty szalała z kolorami. Szydzono z niej nieraz, że powtarza te same wzory, na przykład biało-czerwono-niebieskie pasy. Ale nowych pomysłów nigdy jej nie brakowało – to ona pierwsza na przykład rozrzuciła na ubraniach słowa, takie jak „Amour" czy „Mode".

- W swoim pierwszym butiku, jaki otworzyła w Paryżu w 1968 roku w czasie rewolty studenckiej, na wystawie oprócz ubrań znalazły się książki znanych francuskich pisarzy. W ten sposób Sonia podkreślała swój związek z kulturą i sztuką oraz manifestowała poparcie dla ruchów studenckich. Do dziś wystrój wnętrza butiku w dzielnicy Saint Germain zdobi pięćdziesiąt tysięcy książek ustawionych na półkach aż po sufit!

- Projektantka słynąca z ubrań w kolorowe paski sama przez pół wieku pozostała wierna czarnym spodniom i czarnym bluzkom. „Nie lubię męczyć się dla mody. Narzucam na siebie gotowe stylizacje i wychodzę z domu" – mówiła wielokrotnie w wywiadach.

CYTATY:

„Myślę, że czarny tak naprawdę jest wesołym i jaskrawym kolorem. Wszystko zależy od tego, co z nim zrobisz".

„Luksus to stan duszy. Nie jest bogactwem, tylko pięknem; nie jest błyskotką, tylko blaskiem".

„Zawsze wiedziałam, co chcę osiągnąć. Kiedyś powiedziałam sobie: nie mam żadnych ograniczeń!".

„Kreatywność jest w każdym z nas. Musisz tylko ją uwolnić".

„To nieprawda, że ubrania wyglądają lepiej na chudych dziewczynach, wszystko jest kwestią nastawienia!".

„Kobieta Sonii Rykiel jest maksymalistką, woli kupić sobie nowe buty niż wystawny obiad, uwielbia uwodzić".

ŹRÓDŁA I INSPIRACJE:

Anna Zaleska, *10 rzeczy, które trzeba wiedzieć o Sonii Rykiel*, harpersbazaar.pl, http://www.harpersbazaar.pl/moda/1535/10-rzeczy-ktore-trzeba-wiedziec-o-soni-rykiel.

Anna Konieczyńska, *Sonia Rykiel. Królowa dzianiny nie żyje*, vumag.pl, http://vumag.pl/ludzie-moda/sonia-rykiel-nie-zyje-zmarla-w-wieku-86-lat/nq71s6.

Robert D. McFadden, *Sonia Rykiel Fashion Designer for the fregile but strong*, „New York Times", https://archive.is/Kc0Ch.

Lidia Pańków, *Kim do diabła jest Sonia Rykiel?*, styl.pl, http://www.styl.pl/magazyn/news-kim-do-diabla-jest-sonia-rykiel,nId,234461,nPack,1.

Judith Perrignon, *Noubliez pas que je joue*, Les Éditions de l'Iconoclaste, 2012.

✳

Vidal Sassoon

(1928-2012)

**amerykański fryzjer i stylista,
biznesmen, miliarder, filantrop**

Kiedy w słynnym filmie Romana Polańskiego *Dziecko Rosemary* podziwiamy delikatną urodę Mii Farrow, nie przychodzi nam na myśl Vidal Sassoon. Ale to właśnie on stworzył jej niezwykłą fryzurę na chłopczycę wyczarowaną specjalnie do tego filmu na prośbę reżysera. Dziś to już klasyczne cięcie często spotykane u wielu ceniących swobodę i nowoczesność kobiet, ale wtedy... To była rewolucja! Sassoon czesał także wiele innych słynnych aktorek, piosenkarek, modelek. Wymyślił irokeza i własną wersię boba. Dorobił się milionów, sprzedając nowatorskie produkty do pielęgnacji włosów. Był także filantropem. Pomagał dzieciom, ludziom, którzy doświadczyli klęsk żywiołowych, artystom. Założył akademię fryzjerstwa. Działał na rzecz walki z antysemityzmem. Swoje osiągnięcia zawdzięczał talentowi, wizjonerstwu, energii i pracowitości.

Miał trudne i smutne dzieciństwo. Wychowywał się w skrajnej biedzie, w rodzinie imigrantów żydowskich w Londynie. Jego matka Betty pochodziła z rodziny, która uciekła przed pogromem z terenów Ukrainy. Jego ojciec Jack był Grekiem. Zajmował się sprzedażą dywanów. Szybko jednak porzucił rodzinę: żonę, Vidala i jego młodszego brata Ivora, dla innej kobiety. Po odejściu ojca rodzina popadła w ubóstwo i szybko stała się bezdomna. Betty i chłopców przygarnęła jej siostra, ale warunki życia w jej mieszkaniu były straszne. Wieczne zimno, toaleta na zewnętrznym korytarzu wspólna dla kilku rodzin, ciasnota (w dwóch małych pomieszczeniach mieszkało sześć osób).

Matka chłopców nie radziła sobie z utrzymaniem rodziny. Pięcioletni Vidal trafił do londyńskiego sierocińca, a jakiś czas później dołączył do niego brat. To przeżycie pozostawiło piętno na całym późniejszym życiu Sassoona. Będzie je wspominać nawet jako osiemdziesięcioletni mężczyzna. Jednak doświadczenie to dało mu jednocześnie niezwykłą siłę, nauczyło nie poddawać się, marzyć, działać, zmieniać swoje życie. Jego młodszy brat Ivor nie mógł zrozumieć, dlaczego mama ich oddała. Płakał z tęsknoty, bo widział ją tylko raz w miesiącu. Vidal pocieszał go, uczył patrzeć pozytywnie na rzeczy, snuł przed nim wizje przyszłego pięknego życia.

W sierocińcu chłopcy spędzili siedem lat. Matka zabrała ich stamtąd dopiero po ponownym wyjściu za mąż za Nathana Goldberga. Stał się on wspaniałym ojcem zastępczym dla chłopców. Wprowadzał Vidala w świat sztuki, muzyki, architektury. Rozbudzał jego wyobraźnię. Chłopiec poszedł do szkoły. Nie było to jednak dobre dla niego miejsce. Dzieci wyśmiewały go, przezywały, wytykały palcami. Nie radził też sobie z nauką. Wkrótce jego edukację przerwała wojna. Wszystkie dzieci ewakuowano z Londynu.

Po powrocie Vidal nie wrócił już do szkoły. Nadal trwała wojna. Codziennie niemieckie samoloty bombardowały miasto, a ludność musiała ukrywać się w schronach. Vidal miał 14 lat i zaczął pracować, żeby wspomóc rodzinę. Początkowo został gońcem. Matka wymyśliła jednak dla niego inny fach. Chciała, żeby został fryzjerem. Mimo że on sam marzył raczej o karierze piłkarza, pod jej wpływem rozpoczął praktykę w salonie Adolpha Cohena jako pomocnik. Zamiatał podłogę, mył głowy klientkom, nabywał doświadczenia i uczył się fachu. Oprócz tego słuchał kobiet, co w przyszłości miało zaowocować doskonałym zrozumieniem tego, czego potrzebują.

Ale zanim w pełni rozwinęła się jego fryzjerska kariera, zaangażował się w politykę. W wieku 17 lat, choć był zbyt młody, by służyć w wojsku w czasie II wojny światowej, stał się najmłodszym członkiem Grupy 43, podziemnej organizacji żydowskiej weteranów. W 1948 roku, gdy miał 20 lat, wstąpił do żydowskiej organizacji paramilitarnej Hagana i wyjechał do Palestyny, by wziąć udział w wojnie izraelsko-arabskiej. Później wspominał ten czas jako najpiękniejszy rok swojego życia. Uczestniczył bowiem w tworzeniu wyczekiwanego od setek lat kraju, by tacy jak on upokarzani żydowscy tułacze mieli swoje miejsce na ziemi.

Po powrocie do Londynu zaczął spełniać marzenie swojej mamy. Zawierzył jej intuicji. Zatrudnił się w salonie Raymonda Bessone'a już nie jako pomocnik fryzjera, ale prawdziwy fryzjer. Oczywiście niewiele jeszcze umiał. Owszem, miał wizję, ambicję, zapał. Powoli kiełkowały mu pomysły, jak powinna wyglądać nowoczesna kobieca głowa. Jednak, jak je zrealizować – tego jeszcze nie wiedział. Wszystkiego, czego potrzebował, czyli fachu, nauczył się od Bessone'a. Jak później sam przyznał, że bez niego nigdy nie osiągnąłby tak dużo.

W 1954 roku nadszedł wreszcie długo wyczekiwany moment. Vidal Sassoon był gotowy, by otworzyć w Londynie własny salon! Miał wówczas 26 lat. Mógł zastosować praktyce w swoje pomysły. I rozpoczął rewolucję. Przyświecało mu przekonanie, że kobiety stały się zbyt zapracowane i zajęte, by przesiadywać godzinami u fryzjera. A przecież nadal chciały wyglądać pięknie. Dlatego zerwał z modnym wówczas tapirowaniem i ondulowaniem włosów, a w zamian zaproponował nietypowe, proste fryzury niewymagające czasochłonnej pielęgnacji, same układające się na głowie dzięki doskonałemu cięciu. Wystarczyło potrząsnąć głową. „Kobiety nie mają czasu, aby siedzieć pod suszarką! Nigdy więcej!" – mówił. Inspirowały go geometryczne formy nowoczesnej architektury. „Miałem pomysł, by z włosów wycinać kształty, by używać ich jak tkaniny i odcinać, odrzucać wszystko, co było zbędne".

Jednak ten nowy styl czesania nie od razu spotkał się z uznaniem. To był przełom, coś całkowicie innego od obowiązujących wówczas fryzur aż sztywnych od lakieru. Choć był praktyczny i wygodny, to nowy styl onieśmielał swoim nowatorstwem. Trzeba było kogoś tak charyzmatycznego, silnego i zdecydowanego jak Vidal Sassoon, by przekonać kobiety do wprowadzenia odważnych zmian na swoich głowach. W ferworze pracy, emocji i wyjaśnień fryzjerowi zdarzało się nawet rzucać nożyczkami, a raz zrobił to z takim impetem, że utkwiły w suficie, jak sam wspominał. Wierzył jednak, że z pięknymi, naturalnymi, zdrowymi i prostymi włosami, o które mogą same zadbać, kobiety będą szczęśliwsze.

Pełna zaangażowania i pasji praca Sassoona zaczęła przynosić niezwykłe efekty. W krótkim czasie miał już sieć salonów w Anglii, a potem także w USA. Ale to wciąż było dla niego za mało. Marzył, by zrobić karierę, stać się znanym, podbić świat i… tak się stało. W latach 60. zdobył nie tylko ogromną popularność, ale i sławę. W jego autorskiej wersji boba zakochały się słynne modelki i aktorki, takie jak Mary Quant, Goldie Hawn, Nancy Kwan, Grace Coddington, Twiggy. Uczesanie to było ukoronowaniem wszystkiego, czego w ciągu praktyki fryzjerskiej dowiedział się o współczesnych kobietach. W dodatku było modyfikowane indywidualnie dla każdej klientki. Zawsze jednak krótkie, lekkie i naturalne. Od klasycznego boba odróżniało się kątowymi cięciami w płaszczyźnie poziomej.

Najbardziej dumny był Vidal z następnej wymyślonej przez siebie fryzury: *five point cut*, która najlepiej spełniała jego wizję geometrycznego stylu i ideę czesania. Było to stopniowe strzyżenie wzdłuż pięciu punktów wyznaczonych wokół głowy. Fryzura zaprezentowana na modelce Grace Coddington wywołała szok. Największy chyba z tego powodu, że kobiecie po takim strzyżeniu przestawał być potrzebny… fryzjer. Nie musiała już przychodzić do niego co tydzień na misterne czesanie. Wystarczyło, że umyła włosy, a one same, dzięki perfekcyjnemu obcięciu, układały się bez wysiłku z jej strony. Niejakim zaprzeczeniem tej idei okazała się następna słynna fryzura, którą trzeba już było układać na czubku głowy. Był to stworzony i wylansowany przez Vidala Sassoona… irokez.

„Co zrobić, by kobiece głowy były zadbane, błyszczące, piękne? Co zrobić, by kobiety mogły dbać o nie same?" – takie myśli nie dawały Sassoonowi spokoju i inspirowały go do wprowadzania kolejnych innowacji. Opracował całą linię szamponów i innych produktów do pielęgnacji oraz modelowania włosów, które sygnował własnym nazwiskiem. Wśród nich znalazł się Wash & Go, kosmetyk łączący szampon z odżywką. Wówczas była to technologia, która wyprzedzała epokę. Dziś marka Vidal Sassoon słynie nie tylko z linii kosmetyków pielęgnacyjnych, ale także z wysokiej klasy urządzeń fryzjerskich, które można stosować w domach lub zakładach fryzjerskich.

Praca nad fryzurami i środkami do ich pielęgnacji nie wyczerpywała jednak działań Sassoona. Korzystając ze zdobytej popularności, został gospodarzem programu telewizyjnego na temat urody i kondycji. Chciał sprawdzić się nowej roli, ale przede wszystkim przekazać swoją wiedzę i wizję jak największej liczbie osób. Telewizyjne doświadczenie trwało jednak krótko. Dużo istotniejszym, wyjątkowym przedsięwzięciem, które wyniknęło z chęci dzielenia się wiedzą, było założenie akademii dla przyszłych fryzjerów. Miało to miejsce w latach 60., kiedy nikt inny nawet nie myślał o podobnych działaniach. Sassoon wytyczył nowy szlak, którym podążyli inni – dziś przecież szkoły uczące zawodu fryzjera są czymś oczywistym. Akademia stopniowo rozrastała się. Posiadała filie nie tylko w USA, Kanadzie i Wielkiej Brytanii, a otwarcia planowano także w Niemczech i Chinach.

W latach 80. Vidal Sassoon postanowił wycofać się z biznesu. Sława, którą zdobył, zaowocowała podpisaniem kontraktu z firmą Procter & Gamble. Odtąd to ona dysponowała marką Vidal Sassoon, a sam Sasson poświęcił się filantropii. W 1982 roku założył Międzynarodowe Centrum Studiów nad Antysemityzmem im. Vidala Sassoona przy Uniwersytecie Hebrajskim w Jerozolimie. Zaangażował się w akcję budowania domów dla osób, które straciły je po przejściu huraganu Katrina w 2005 roku w Nowym Orleanie.

W 2010 roku nakręcono film o Vidalu. Miał wtedy 82 lata. Z niezwykłą pasją i energią opowiadał o swoim życiu i sukcesach. Dzięki ćwiczeniu jogi był we wspaniałej formie fizycznej. Tryskał radością. Rok później zdiagnozowano u niego leukemię, na którą umarł 9 maja 2012 roku. Na jego pogrzebie zjawiły się tłumy sław.

Jego życie wciąż nie przestaje zadziwiać. Choć zajmował się tylko fryzjerstwem, stał się prawdziwą gwiazdą rozpoznawalną przez zwykłych ludzi, posiadającą własny program w telewizji, z którą liczył się cały świat filmowy. W tamtym czasie było to ewenementem. Dzięki swojemu zmysłowi biznesowemu stał się miliarderem. Zawdzięczał to swoim cechom charakteru – pracowitości będącej wręcz pracoholizmem, uporowi, wizji, determinacji, kreatywności. Jednak sukces, jaki osiągnął, miał swoją ogromną cenę. Było nią nieudane życie rodzinne, na które nie miał czasu – trzy rozwody, śmierć córki na skutek przedawkowania narkotyków, zerwanie kontaktów z adoptowanym synem. I choć ostatnie małżeństwo Vidala Sassoona było trwałe i szczęśliwe, smutek wywołany wcześniejszymi doświadczeniami, a zwłaszcza kłopotami z dziećmi, do końca życia zalegał w jego sercu.

KALENDARIUM:

17 stycznia 1928 – narodziny Sassoona w Londynie

1948 – udział w wojnie o niepodległość Izraela

1954 – otwarcie pierwszego salonu w Londynie

1956 – ślub z pierwszą żoną Elaine Wood (rozwód w 1958 r.)

1963 – stworzenie autorskiej wersji boba (*bob cut*)

1965 – otwarcie pierwszego salonu w USA, w Nowym Jorku

1965 – stworzenie fryzury *five point cut*

1967 – ślub z drugą żoną Beverly Adams (rozwód w 1980 r.)

1968 – narodziny córki Catyi

1970 – narodziny syna Elana

1973 – narodziny córki Eden

1975 – adopcja trzyletniego chłopca Davida

1980 – sprzedaż interesów i poświęcenie się filantropii

1983 – ślub z trzecią żoną Janette Hartford-Davis (i rozwód)

1992 – ślub z czwartą żoną Ronnie Holbook

2002 – śmierć córki Catyi na skutek przedawkowania narkotyków

2009 – odznaczenie orderem brytyjskiego imperium za zasługi dla brytyjskiego świata fryzjerstwa

9 maja 2012 – Sassoon umiera w Los Angeles, w wieku 84 lat, na białaczkę

CIEKAWOSTKI:

- Za fryzurę Mii Farrow w filmie *Dziecko Rosemary* Vidal Sasoon zainkasował pięć tysięcy dolarów.

- Gdy Vidal Sassoon w 1984 roku sprzedał prawa do marki swoich produktów do pielęgnacji włosów, jego roczne obroty sięgały 110 milionów dolarów.

- W 1984 roku Vidal Sassoon przyznał firmie Procter & Gamble licencję, która pozwoliła jej zostać jedynym na całym świecie dystrybutorem produktów pod marką jego nazwiska. Zgodnie z jej ustaleniami był on zobowiązany do udzielania firmie konsultacji. Jednak w 2013 roku pozwał P&G, argumentując, że źle wywiązuje się z warunków licencji, bo faworyzuje inne linie produktów, na przykład Pantene. W tym czasie (lata 1984-2003) Sassoon w sumie otrzymał ponad 80 milionów dolarów (od miliona do 7,5 milionów rocznie) tantiem z opłat licencyjnych oraz dodatkowo 600-700 tysięcy rocznie za osobiste konsultacje. Warunki ugody nie zostały ujawnione. Wiadomo jedynie, że prawa do nazwy Vidal Sassoon, które stylista chciał odzyskać, pozostały przy P&G.

- Szampon Vidal Sassoon Wash & Go był jednym z pierwszych nowoczesnych produktów z Zachodu, które wprowadzano na polski rynek ze wsparciem intensywnej kampanii reklamowej. Jednocześnie była to jedna z pierwszych zachodnich reklam szamponów, która pojawiła się w polskiej telewizji w latach 90. Akcji telewizyjnej towarzyszyła kampania marketingu bezpośredniego. Rozdawano za darmo próbki szamponów i odżywek w jednym. W samej Warszawie rozdano ponad 600 tysięcy mini produktów. Wtedy to był szok. Początkowo ludzie dosłownie wykradali sobie szampony ze skrzynek pocztowych. Jednak ten entuzjazm szybko opadł. Szampon nie przyjął się na polskim rynku, a po pewnym czasie został wycofany. Ta kampania zaś do dziś jest podawana jako przykład nieudanych działań promocyjnych. Jednak samo hasło „wash and go" wciąż jest żywe i stosowane w różnych znaczeniach.

- Kiedy Sassoon rozpoczął praktykę zawodu u Adolfa Cohena, jednym z jego obowiązków było przychodzenie do pracy schludnym. Musiał mieć czyste ubranie i buty, wyczyszczone paznokcie. To w czasie wojny, gdy wraz z rodziną spał w podziemiu w obawie przed nalotem, było trudne. „Pamiętam, jak wkładałem złożone spodnie w koc i spałem na nich, tak żeby miały ostre kanty" – wspominał po latach. Później w swoich salonach Sassoon wprowadził taką samą dyscyplinę. Jego pracownicy, także styliści, musieli nosić nieskazitelne trzyczęściowe garnitury, a pracownice były modnie ubrane, uczesane i umalowane.

- Dzieło Vidala Sassoona zostało uwieczniony dzięki filmom Romana Polańskiego. Na potrzeby filmu *Dziecko Rosemary* ściął długie blond włosy głównej bohaterce granej przez Mię Farrow. Zrobił to w studiu Paramount otoczony przez fotografów, ekipy filmowe i dziennikarzy obserwujących jego pracę, a o tym wydarzeniu mówił cały świat. W samym filmie Farrow wyjaśnia, że jej nowa fryzura to dzieło Vidala Sassoona. Tego Sassoona. Z kolei w innym obrazie Polańskiego *Wstręt* został pokazany salon fryzjerski Sassona. Bohaterka filmu grana przez Catherine Denevue pracuje w nim na początku.

CYTATY:

„Włosy są największym komplementem, jakim obdarzyła nas natura".

„Jeśli wszyscy mówią ci, że coś jest niemożliwe, nie wierz im – to nonsens. Jeśli uda ci się wejść w głąb siebie, to możesz tam odnaleźć coś, co cię zaskoczy".

„Jeśli ty nie wyglądasz dobrze, my też nie wyglądamy dobrze".

„Jedynym miejscem, w którym sukces pojawia się przed wysiłkiem, jest słownik".

ŹRÓDŁA I INSPIRACJE:

Vidal Sassoon na TEDx Oxford: https://www.youtube.com/watch?v=GQRgXsp1ZtE, https://www.youtube.com/watch?v=T36X1Yord4k.

Vidal Sassoon: The Movie, reż. Craig Teper, 2010, http://www.adweek.com/news/advertising/pg-retains-rights-sassoon-name-74587.

Vidal Sassoon, *Vidal: Autobiografia*, Pan Books, 2010.

Vidal Sassoon, *Cutting Hair the Vidal Sassoon Way*, wyd. popr., Routledge, 2013.

Życiorys Vidala Sassoona w Wikipedii: https://en.wikipedia.org/wiki/Vidal_Sassoon.

Dominika Łukoszek, *Ten facet od boba*, http://modologiablog.pl/2013/03/10/ten-facet-od-boba/.

Biografia Viadala Sassoona na biography.com: http://www.biography.com/people/vidal-sassoon-20888267.

Marcus Williamson, Vidal Sassoon: Hairdresser whose minimal, informal styles revolutionised his profession, „Independent", http://www.independent.co.uk/news/obituaries/vidal-sassoon-hairdresser-whose-minimal-informal-styles-revolutionised-his-profession-7734625.html

David Williamson, Peter Cooke,Wyn Jenkins, Keith Michael Moreton, *Strategic Management and Business Analysis*, 2008.

※

Richard M. Schulze

(ur. 1941)

jeden z najbogatszych Amerykanów, przedsiębiorca i filantrop, twórca największej w USA sieci marketów handlujących elektroniką użytkową Best Buy

Ukończył jedynie szkołę podstawową. Brak wyższego wykształcenia nie przeszkodził mu w zrewolucjonizowaniu sprzedaży elektroniki użytkowej w Stanach Zjednoczonych, stworzeniu nowego w tej branży pojęcia supermarket (ang. *superstore*), a po kilkudziesięciu latach ciężkiej pracy zostaniu jednym z najbogatszych przedsiębiorców w USA. Jest właścicielem sieci marketów elektronicznych Best Buy, która tylko w USA ma ponad tysiąc sklepów.

Richard Schulze urodził się i dorastał w Saint Paul w stanie Minnesota. Nie był zdolnym uczniem. Ukończenie szkoły podstawowej nie było dla niego problemem, lecz szkoły średniej już tak. Pewnie po części dlatego, że ucząc się, pracował. Trudno połączyć popołudniową pracę w lokalnym markecie oraz dzienną naukę w szkole średniej. Richard wracał wieczorem z pracy polegającej na sortowaniu towaru i siadał do lekcji. Kładł się spać około północy. Następnego dnia wstawał o 6.00, gdyż do Central High School w Saint Paul miał około pięciu mil i żadnego stałego środka transportu. Najczęściej jeździł autostopem, ale czasami zdarzało się, że szedł pieszo te osiem km… Nie zamierzał jednak zrezygnować z pracy, gdyż jak mówił w jednym z wywiadów, już będąc dzieckiem, chciał zarabiać.

Jako 11-latek z własnej inicjatywy zajął się roznoszeniem gazet. Robił to codziennie przez 4 lata. Rodzice godzili się na to, jednak ojciec nakazał, by 20 procent zarobku syna trafiało do rodzinnego budżetu. Nie odstraszyło to młodego przedsiębiorcy, który już na tym etapie „prowadzenia firmy” wykazał się nie lada pomysłowością. Zauważył bowiem dwie rzeczy: po pierwsze – im lepiej obsłuży klientów, tym większe napiwki dostanie, a po drugie – czasem ludzie wykazują się większą niż zwykle hojnością, na przykład w okresie pomiędzy Świętem Dziękczynienia a Bożym Narodzeniem. Przez te kilka tygodni w roku starał się jeszcze bardziej niż zazwyczaj, wkładając gazety za drzwi, a nie zostawiając jak zwykle na podjeździe. Tak dobra obsługa klienta skutkowała potrojeniem dochodów! Richard wyciągnął z tego doświadczenia wniosek, że „zawsze trzeba starać się bardziej i pracować mądrzej”.

Zasadę tę chciał wykorzystać kilka lat później, gdy pracował jako magazynier w dużym markecie spożywczym. Pewnego dnia zwrócił uwagę managerowi, że należałoby zmienić miejsca układania warzyw, tak by klientom łatwiej było je znaleźć, a jemu, magazynierowi, wyłożyć towar. Usłyszał, że wszystko jest w porządku i ma zająć się swoją robotą. Po kilku tygodniach znowu poszedł do szefa w tej samej sprawie. Gdy po raz drugi usłyszał odmowę, postanowił zrezygnować. „Nie mogłem pracować w firmie, gdzie nie szanowano moich wartości i nie wdrażano nowych pomysłów” – mówił. Była to spontaniczna i odważna decyzja, która wpłynęła na całe życie Richarda.

Po rzuceniu pracy w markecie poszedł do wojska. Służył w Gwardii Powietrznej Stanu Minessota. Wybór wojsk lotniczych nie był przypadkowy. Richard od dziecka interesował się elektroniką, a w lotnictwie zaawansowanych urządzeń tego typu nie brakowało. Następnie rozpoczął pracę w firmie ojca handlującej akcesoriami elektronicznymi. Ucząc się zawodu handlowca, widział potencjał tego rynku. Jego zdaniem jednak przyszłością branży były duże sklepy oferujące ogromny wybór, a nie małe, lokalne sklepiki, zaś klucz do sukcesu leżał w poprawie obsługi klienta (nauczył się tego, roznosząc gazety). Jako ambitny młodzieniec widział swoją szansę w stworzeniu wielkopowierzchniowego sklepu, w którym klienci mogliby bez pośpiechu testować sprzęt i uczyć się jego obsługi przed dokonaniem zakupu.

Mając 25 lat, ku rozpaczy mamy i rozczarowaniu ojca podjął trudną decyzję o odejściu z firmy rodzinnej. Zainwestował wszystkie swoje oszczędności w uruchomienie pierwszego, własnego sklepu. Niestety, pieniędzy nie wystarczyło i Richard musiał dodatkowo zaciągnąć kredyt pod hipotekę domu. Wtedy, w roku 1966, rzucił na szalę całą swoją przyszłość i ze znajomym Garym Smoliakiem otworzyli sklep o nazwie Sound of Music w rodzinnym mieście Saint Paul. Sprzedawali w nim znakomitej jakości sprzęt hi-fi do odtwarzania muzyki. Nie mieli dużych zysków: w pierwszym roku wspólnicy zarobili 58 tysięcy dolarów. Kolejne dwa lata nie przyniosły poprawy i wtedy, w roku 1969, Gary Smoliak poddał się. Jego udziały odkupił Richard, któremu nawet nie zaświtała w głowie myśl o tym, aby odpuścić. Wierzył w swój sukces i dalej ciężko na niego pracował. Uruchomił kolejne placówki. Robił to mądrze – jego targetem byli młodzi mężczyźni w wieku 18-25 lat lubiący słuchać głośnej muzyki dobrej jakości. Dlatego otwierał swoje sklepy w okolicach akademików i wyższych uczelni. Tam głównie znajdowali się jego klienci.

Bacznie obserwował też dużych graczy operujących w innych branżach: Wal Mart, Home Depot, Toys'R Us. Był bowiem zdania, że dobrym sposobem na rozwój biznesu jest przenoszenie rozwiązań z jednej branży do drugiej i testowanie nowych pomysłów. Okazja pojawiła się niespodziewanie i to w tragicznych okolicznościach. W 1981 roku sklep w Roseville przynoszący Schulzowi największe zyski uległ zniszczeniu podczas tornada, jakie przeszło nad miastem. Zerwany został dach i zniszczona część budynku, w której wystawione były towary. Cudem natomiast uratował się cały magazyn! Schulze nie załamał się tym zdarzeniem. Wręcz przeciwnie – postanowił wykorzystać je do stworzenia, jak to określił, „tornada sprzedaży". Dał ogromne ogłoszenia w lokalnej prasie, że w najbliższych dniach na parkingu będzie sprzedawał w rewelacyjnie niskich cenach sprzęt ze zniszczonego sklepu. W ciągu czterech dni wyprzedaży sklep zarobił tyle, ile przez cały poprzedni miesiąc! Richard udowodnił, że przy odpowiednim podejściu, kreatywności i pozytywnym nastawieniu porażkę można zamienić w sukces. Trzeba mieć tylko otwarty umysł i szukać nowych możliwości. Po latach jeden z analityków rynkowych Barry Levin powiedział o nim: „To facet, który cały czas myśli. Nie oznacza to wcale, że jest pracoholikiem. Po prostu jego umysł zawsze działa".

Rzeczywiście działał na najwyższych obrotach. W roku 1983 Sound of Music przekształcił się w Best Buy. Pomysł na sieć wziął się właśnie ze słynnego „tornada sprzedaży". Schulze zauważył wtedy, że ludzie chcą korzystać z okazji, takich jak przeceny i wyprzedaże. „Podczas wyprzedaży w Roseville zablokowane zostały okoliczne drogi, a ludzie parkowali na ulicach, trawnikach i podwórkach" – wspomina. „Wtedy już wiedziałem, że muszę znaleźć jakiś sposób, by inicjować takie zachowania klientów". Za namową swojego mentora Zeke'a Landersa, właściciela salonów elektronicznych w Virginii, zdecydował się na wprowadzenie do sprzedaży telewizorów, magnetowidów oraz całej gamy sprzętu AGD, od mikserów po pralki i lodówki. Richard zwracał uwagę w wywiadach na to, jak ważny jest w życiu mentor, czyli osoba, która doradzi, pomoże, oceni i da wskazówki. Z tych ostatnich skorzystał, wprowadzając do sklepów nowy sposób prezentacji towaru. Jego sklepy były duże, miały bowiem co najmniej 18 tysięcy metrów kwadratowych, były też jasno oświetlone. Towar na dużych przestrzeniach na nowoczesnych regałach prezentował się nadzwyczaj atrakcyjnie.

Biznesmen z Minnesoty był znakomitych obserwatorem i znawcą ludzkiej psychiki. Przez lata pracy obserwował, kiedy klienci denerwują się i czują niekomfortowo. Działo się to wtedy, gdy sprzedawca chciał im wcisnąć konkretny produkt, nie dając czasu na spokojne zastanowienie. Bardzo często zdarzało się tak ze względu na prowizję, jaką sprzedawcom płacili producenci. Wtedy zdecydował, że jego pracownicy nie będą mieli tego typu prowizji. Te działania były podporządkowane jednemu celowi – stworzeniu w Best Buy „relaksującego doświadczenia zakupowego". Klient sam miał wybrać model, obejrzeć go w spokoju, w miarę możliwości przetestować, a następnie zdecydować o zakupie samodzielnie lub po dopytaniu sprzedawcy o szczegóły.

Klienci byli zachwyceni tym podejściem. Nie spodobało się ono jednak wielkim graczom , którzy postanowili wycofać swoje produkty z sieci Best Buy. Richard, pewny słuszności swojej decyzji, nie ugiął się pod naciskami światowych gigantów. Gdy okazało się, że ten model sprzedaży działa znakomicie, wielkie marki przeprosiły się z Best Buy i ich produkty wróciły na półki. W 1987 roku sieć Best Buy zadebiutowała na nowojorskiej giełdzie. 12 lat później znalazła się na liście 500 największych firm w USA według indeksu Standard & Poor's. W 2012 roku Schulze zrezygnował z funkcji prezesa, zachowując stanowisko doradcy zarządu.

W ostatnich latach poświęcił się działalności charytatywnej. Prowadzi ją poprzez Schulze

Family Fundation. Wspiera finansowo uczelnie. Przekazał między innymi 50 milionów dolarów na Uniwersytet Św. Tomasza w rodzinnym Saint Paul. W 2005 roku otworzył Szkołę Przedsiębiorczości (Schulze School of Entrepreneurship). Finansuje też służbę zdrowia, budując między innymi ośrodki dla chorych na raka, którzy mogą godnie dożyć swoich dni w gronie najbliższych i przy troskliwej opiece personelu. Powód? W 2001 roku na rzadki rodzaj raka – międzybłoniaka – zmarła żona Richarda Sandra, z którą byli małżeństwem przez blisko 40 lat i wychowali czwórkę wspaniałych dzieci. Richard bardzo mocno przeżył tę tragedię i postanowił, że na wszelkie możliwe sposoby będzie wspierać osoby chorujące na raka. W dziele budowy ośrodków dla nich wspiera go druga żona Maureene Schulze, która również przeżyła śmierć męża na międzybłoniaka. Podobne tragiczne doświadczenia bardzo zbliżyły Richarda i Maureen. Postanowienie, aby być razem, pozwoliło im przetrwać najcięższe chwile po śmierci współmałżonków. Richard Schulze w jednym z wywiadów stwierdził, że został biznesmenem ponieważ „chciał kontrolować swoje przeznaczenie". Wiedział, że będzie mógł to zrobić, jeśli weźmie pełną odpowiedzialność za swoje życie. Aby osiągnąć swoje ambitne cele, ciągle się uczył, był otwarty na zmiany, szukał nowych możliwości, podejmował czasami decyzje trudne, obarczone ryzykiem. Nie bał się powiedzieć „nie", jeśli coś było sprzeczne z wyznawanymi przez niego wartościami. Jego kluczem do sukcesu była zasada, aby zawsze wnosić wartość do życia innych ludzi. Aby tak się stało, trzeba było zastanawiać się, jak można coś zrobić jeszcze lepiej, w jaki sposób można się wyróżnić. Zadawał sobie takie pytania jako 11-latek roznoszący gazety, jako 25-latek uruchamiający swój pierwszy sklep ze sprzętem audio, a także jako właściciel firmy zatrudniającej 125 tysięcy osób i generującej przychody w wysokości 40 miliardów dolarów rocznie. „Całe życie próbowałem coś ulepszyć, poprawić. Nigdy nie stanąłem w miejscu. Taki mam charakter" – mówi.

KALENDARIUM

1941 – narodziny Richarda Schulze w Saint Paul w Minnesocie

1952 – pierwsza praca jako roznosiciel gazet, która trwała do 1956 r.

1962 – ślub z Sandrą J. Schulze, z którą doczekał się czwórki dzieci

1966 – otwarcie pierwszego sklepu Sound of Music ze sprzętem audio; w kolejnych latach sieć rozrasta się do kilkunastu placówek

1969 – Sound of Music debiutuje na giełdzie NASDAQ

1981 – tornado w Roseville niszczy jeden ze sklepów Richarda; on niezrażony ze swoimi pracownikami przez 4 dni sprzedaje towar na parkingu obok, uzyskując wyniki przekraczające miesięczny utarg sklepu przed katastrofą!

1983 – sieć sklepów Sound of Music przekształca się w Best Buy; Schulze tworzy w ten sposób nowy typ sklepu – supermarket z elektroniką użytkową, w którym sprzedaje szeroka gamę produktów RTV i AGD po bardzo atrakcyjnych cenach

1987 – Best Buy debiutuje na giełdzie nowojorskiej

1992 – przychody sieci przekraczają po raz pierwszy miliard dolarów; firma w kolejnej dekadzie uruchamia markety w Kanadzie, Meksyku i Chinach

1999 – firma doradcza Standard & Poor's umieszcza Best Buy wśród 500 największych firm w Stanach Zjednoczonych

2001 – umiera żona Richarda Sandra; powodem jest rzadka odmiana raka – międzybłoniak

2002 – Richard żeni się ponownie z Maureen, która także straciła męża przez raka; Maureen mocno angażuje się w działalność Fundacji Rodziny Schulze

2012 – Richard rezygnuje z funkcji prezesa zarządu Best Buy i poświęca się przede wszystkim działalności charytatywnej

2016 – Best Buy posiada 1400 sklepów w USA, Kanadzie, Meksyku i Chinach, zatrudnia 125 000 pracowników, a roczny przychód firmy to 40 mld dolarów

CYTATY:

„»Pracować mądrzej« jest ważniejsze od »pracować ciężko«".

„Wszystko zaczyna się od klienta i kończy na kliencie".

„Chodzi o to, by swoim działaniem wnosić wartość w życie innych ludzi".

„Nigdy nie bałem się zmian i zawsze słuchałem klientów".

ŹRÓDŁA I INSPIRACJE:

Delivering the Goods, Entrepreneur and Innovation Exchange, https://eiexchange.com/content/6-delivering-the-goods-an-interview-with-best-buy-and-eix-founder-dick-schulze.
Oficjalna strona internetowa sieci Best Buy: https://corporate.bestbuy.com.

Oficjalna strona internetowa Schulze Family Foundation: https://www.schulzefamilyfoundation.org.

Profil Richarda Schulze na stronie „Forbesa": http://www.forbes.com/profile/richard-schulze.

Sylwetka Richarda Schulze na Online Encyclopedia: http://encyclopedia.jrank.org/articles/pages/6353/Schulze-Richard.html.

Rex David „Dave" Thomas

(1932-2002)

amerykański przedsiębiorca i filantrop, twórca marki Wendy's

Wendy's to trzecia pod względem wielkości sieć restauracji typu fast food w USA. Jej założyciel David „Dave" Thomas to postać, którą jeszcze parę lat temu rozpoznawało każde dziecko w Stanach Zjednoczonych, ponieważ pojawił się w ponad 800 reklamach swojej sieci. Jego celem było jednak coś więcej niż tylko reklamowanie charakterystycznych kwadratowych hamburgerów.

Dave był adoptowany, a jego adopcyjna matka zmarła, gdy miał 5 lat. Przez całe dzieciństwo doskwierała mu samotność i brak rodzinnego ciepła. Wraz z ojcem wielokrotnie się przeprowadzał, chodził do różnych szkół, do tego był bardzo nieśmiały i było mu trudno znaleźć przyjaciół. Marzył, że stworzy dla siebie lepszy świat niż ten, w którym żył.

Jego ojciec nie umiał gotować, więc jako dziecko Dave często jadał poza domem. Przyglądał się rodzinom siedzącym w restauracjach przy wspólnych posiłkach. Zrozumiał, że tego właśnie chce: mieć własną rodzinę i zabierać ją do własnej, przytulnej restauracji. Zaczął więc obserwować, czym się wyróżnia wystrój i klimat takich miejsc, w których przyjemnie spędza się czas. Podsłuchiwał, na co skarżyli się klienci i dowiadywał się, na czym im tak naprawdę zależy. Kiedy miał 9 lat, uznał, że jest już ekspertem od restauracji.

Szukał w swoim życiu mentorów. Pierwszą taką osobą była jego babcia Minnie. Ta odważna, ciężko pracująca kobieta dała mu prawdopodobnie najważniejszą lekcję w jego karierze: „Don't cut corners", czyli „Nie ścinaj rogów". To znaczy nie stosuj skrótów, na których ucierpi jakość tego, co robisz.

Jako dwunastolatek podjął pierwszą pracę w restauracji Regas Restaurant w centrum Knoxville w stanie Tennessee. Praca w Regas była bardzo ciężka – codziennie przewijały się przez nią setki klientów. Dave wreszcie miał okazję obserwować działanie restauracji z perspektywy pracownika. Nauczył się, że bardzo ważne jest zachowanie czystości i że najlepiej uczyć się na własnych błędach. Najbardziej jednak zapamiętał słowa, które usłyszał od swojego szefa: „Jeśli rzeczywiście próbujesz, możesz osiągnąć wszystko, co tylko sobie wymarzysz". Dave zachowywał się jak sportowiec przygotowujący się do zawodów. Każdy dzień traktował jak konieczny trening zbliżający go odrobinę do upragnionego celu: posiadania własnej restauracji. Niestety, kłótnia z szefem zakończyła się dla Dave'a utratą pracy.

W wieku 15 lat przeprowadził się wraz z ojcem do Fort Wayne w stanie Indiana, gdzie podjął pracę w restauracji Hobby House. Jednak, gdy ojciec planował kolejną zmianę miejsca zamieszkania, postanowił, że tym razem z nim nie pojedzie. Aby zarobić na życie, podjął pracę na pełen etat. Wtedy też porzucił naukę w szkole, czego żałował przez kolejne kilkadziesiąt lat.

Dave chciał poznać pracę na każdym stanowisku w restauracji, więc wkrótce został kucharzem w Hobby House. Związał się z tym miejscem na 10 lat i zyskał sobie przychylność szefa, który ufał mu i powierzał coraz bardziej odpowiedzialne zadania.

Gdy Dave w czasie wojny w Korei postanowił zaciągnąć się do armii, jego szef zapowiedział, że stanowisko będzie na niego czekać. Dave wykorzystał służbę wojskową, żeby rozwinąć się w zawodzie – ukończył kurs w Cook's and Baker's School i otrzymał stopień sierżanta sztabowego odpowiedzialnego za dostarczanie posiłków dla 2000 żołnierzy. Dwa lata później wrócił do pracy w Hobby House.

Pracując tam, poznał swoją przyszłą żonę – Lorraine Buskirk. Bardzo pragnął ożenić się i założyć rodzinę. Gdy na świat przyszły dzieci, musiał na zmierzyć się z nowym wyzwaniem: chciał dać swoim dzieciom wszystko to, czego nie dał mu ojciec. Był bardzo szczęśliwy, bo wreszcie doświadczał ciepła rodzinnego, o którym tak marzył; martwił się jednak o to, jak z pensji kucharza zapewnić swoim bliskim godny byt.

Gdy miał 25 lat, w jego życiu pojawiła się niezwykła postać: Colonel Sanders, który właśnie budował swoje imperium Kentucky Fried Chickien. Miał charakterystyczną kozią bródkę i biały frak, który nosił nawet podczas siarczystych mrozów. To od niego Dave poznał zupełnie nowe w biznesie restauracyjnym słowa, takie jak: franczyza, marketing czy budowanie marki. Zobaczył, jak ważne jest to, by się wyróżniać i zapadać w pamięć. Sanders miał obsesję na punkcie jakości swoich dań, ale zdaniem Dave'a nie potrafił należycie zadbać o zarządzanie. Gdy się poznali, Sanders szukał właśnie osoby, która pomogłaby mu uratować cztery podupadające restauracje KFC. To było wyzwanie, na które czekał Dave.

Musiał odpowiedzieć sobie na pytanie: co zrobić, by klienci na nowo pokochali te miejsca? Zaczął więc uważnie przyglądać się ich zwyczajom. Przychodzili głównie po firmowe danie – kurczaka – więc rozbudowane menu było dla nich tylko przeszkodą. Lubili brać jedzenie na wynos i zabierać je ze sobą na pikniki. Pojawiały się wówczas nowe zwyczaje w sposobie korzystania z restauracji, co było bardzo ważnym spostrzeżeniem, zbliżającym Dave'a do sukcesu. Dave skrócił menu do niezbędnego minimum i rozpoczął pracę nad projektem papierowego kubełka na kurczaka – tym, który wkrótce miał stać się symbolem KFC. Żeby sobie poradzić z zarządzaniem, sprowadził je do kontrolowania kilku wskaźników liczbowych. Nauka babci Minnie, która przestrzegała, by bardzo rozsądnie zarządzać swoim czasem i starannie wybierać problemy, którym poświęca się uwagę, bardzo się w tej sytuacji przydały. Restauracje zaczęły przynosić zyski.

Po 4 latach Dave odsprzedał udziały w KFC za kwotę 1,5 miliona dolarów. Miał 35 lat, z czego

23 przepracował w restauracjach. Teraz rzeczywiście mógł się nazwać ekspertem od restauracji. Znał ten biznes jak własną kieszeń. Wiedział, że chce sprzedawać hamburgery – tak jak znane już wówczas sieci McDonald's i Burger King – ale chciał to robić po swojemu. Rozpoczął pracę nad pierwszą restauracją Wendy's, którą otworzył w 1969 roku w Dublin w stanie Ohio.

Popularne w wystroju sieci fast food plastik i metal zastąpił drewnem. Zaprojektował „miękkie" światło wpływające na przytulny nastrój, wytłumił dźwięki, kładąc dywan na podłodze. W krótkim menu zaproponował charakterystyczne kwadratowe hamburgery według przepisu babci Minnie, domowe frytki i bar sałatkowy. Chciał, żeby to było dokładnie takie miejsce, do jakiego zaprosiłby swoją rodzinę na wspólny, niedzielny obiad. Nazwa restauracji Wendy's pochodziła od nieformalnego imienia jego najmłodszej córki, której wizerunek znalazł się w firmowym logo. Dave trzymał ją na rękach, witając swoich pierwszych klientów. Po sześciu tygodniach restauracja już przynosiła zyski, a dzięki intensywnej sprzedaży franczyzy w ciągu kilku lat stała się trzecią największą siecią tej branży w USA.

Dave twierdził, że miał w życiu wielkie szczęście i podkreślał , jak wiele zawdzięcza swoim bliskim. Patrząc na swoje życie, uznał, że najlepszym, co go spotkało, była adopcja: to ona otworzyła przed nim wszystkie możliwości, a on dzięki swojej pracy je wykorzystał.

Wierzył, że dzieci, które znalazły adopcyjną rodzinę, mają o wiele większą szansę na to, by wykorzystać swój potencjał. W 1992 roku stworzył fundację, która między innymi pomagała w tworzeniu miejsc pracy przyjaznych adopcyjnym rodzicom. Dave wierzył, że dla takiej idei warto wykorzystać sławę i znajomości, więc zaangażował do współpracy wiele znanych twarzy, w tym prezydentów Busha i Clintona, a sam wystąpił w setkach reklam, z których zysk przeznaczył właśnie na promowanie adopcji.

Dave Thomas do sukcesu doszedł własną drogą i własną pracą. Do rad babci, które były jego pierwszymi naukami, dołożył własne obserwacje i pracę. Był rzetelny, myślący, zaangażowany. Nie bał się nowych wyzwań. Jeśli napotykał problemy, zastanawiał się, które z nich są naprawdę ważne, żeby nie tracić czasu na sprawy nieprzybliżające go do celu. Zrealizował dwa swoje wielkie marzenia z dzieciństwa: otworzył własną restaurację i założył rodzinę. Osiągnął jeszcze jedno: ponieważ całe życie żałował, że – mimo swych osiągnięć – nie ma formalnego wykształcenia, w wieku 61 lat zdał egzamin GED, który jest odpowiednikiem matury.

KALENDARIUM:

2 lipca 1932 – rodzi się Dave Thomas, 6 tygodni później zostaje adoptowany przez małżeństwo Rexa i Aulevę Thomas

1937 – ma 5 lat, umiera jego adopcyjna matka, a on wraz z ojcem rozpoczyna tułaczkę po kraju, uczęszcza w tym czasie do 12 różnych szkół

1947 – ma 15 lat, rozpoczyna pracę w Hobby House

1950 – ma 18 lat, sam zaciąga się do armii

1953 – ma 21 lat, kończy służbę wojskową, wraca do pracy w Hobby House Restaurant na stanowisku kucharza

1954 – ma 22 lata, poznaje Lorraine Buskirk, która pracuje jako kelnerka w Hobby House, niebawem biorą ślub

1956 – ma 24 lata, poznaje Harlanda Sandlersa, założyciela KFC

1962 – ma 30 lat, dostaje do zarządzania 4 podupadające restauracje KFC w zamian w zamian za 45% zysków

1968 – ma 36 lat, sprzedaje udziały w restauracjach KFC za 1,5 miliona dolarów

1969 – ma 37 lat, otwiera pierwszą restaurację Wendy's; w ciągu pierwszych 6 tygodni Wendy's już przynosi zyski

1973 – ma 41 lat, zaczyna oferować franczyzę; w ciągu 4 lat Wendy's sprzedaje franczyzę dla ponad 1000 restauracji i staje się trzecią co do wielkości siecią typu fast food w USA

1982 – ma 50 lat, przechodzi z pozycji CEO na Senior Chairman, by mieć więcej czasu na życie prywatne

1985 – ma 53 lata, zyski Wendy's spadają, więc wraca do pracy jako Quality Control Inspector

1989-2001 – pojawia się ponad 800 razy w reklamach telewizyjnych, stając się jedną z najbardziej rozpoznawanych postaci w USA

1992 – zakłada fundację wspierającą adopcje Dave
Thomas Foundation for Adoption

1993 – ma 61 lat, zdaje egzamin GED poświadcza-
jący średnie wykształcenie, odpowiednik
matury

8 stycznia 2002 – śmierć; do tego roku zdążył ofiaro-
wać na cele charytatywne, głównie na rzecz
wspierania adopcji, 20 milionów dolarów

O FIRMIE WENDY'S:

6151 restauracji
2,06 miliarda dolarów przychodu (2014)
zysk z działalności operacyjnej: 0,25 miliarda
dolarów (2014)
zysk netto: 0,12 miliarda dolarów (2014)
31 200 pracowników (2014)

ŻYCIOWY MORAŁ:

Znajdź w swojej rzeczywistości to, co ci się nie podoba i zmień to, korzystając z tego, co dał ci los.

CIEKAWOSTKI:

- Dave Thomas dostał się do księgi rekordów Guinnessa jako przedstawiciel firmy, który najwięcej razy pojawił się w reklamie stworzonej przez siebie marki.
- Wendy to przezwisko najmłodszej córki Dave'a. Tak naprawdę miała na imię Mellinda, ale jako dziecko nie umiała prawidłowo wymówić swojego imienia, dlatego wszyscy wołali na nią Wendy.
- Dave otrzymał wyróżnienie od prezydentów Busha i Clintona za działalność na rzecz adopcji.

- Dave bardzo nie chciał być stawiany jako przykład człowieka, który rzucił szkołę i odniósł sukces. Podkreślał, że porzucenie edukacji było decyzją, której najbardziej w życiu żałował, dlatego mając 61 lat, przystąpił do matury. Wraz z małżonką zostali wybrani „królem i królową balu maturalnego", a koledzy i koleżanki z klasy wybrali go uczniem, który ma największe szanse odnieść sukces w życiu.
- Wystąpił w reklamie motywującej do tego, żeby zdawać GED (odpowiednik matury), głosząc hasło: „If I can do it, you can do it" („Jeśli ja mogę, to ty też").

CYTATY:

„Don't quit school".

Główna zasada działania Wendy's: „Don't cut corners".

ŹRÓDŁA I INSPIRACJE:

Dave's Five Values, http://www.rowlandhs.org/our-pages/auto/2013/10/29/50831042/Dave_s%20Five%20Values.pdf.

David R. Thomas, *Dave's Way: A New Approach to Old-Fashioned Success*, Putnam Pub Group, 1991.

David R. Thomas, *Dave Says… Well Done! The Common Guy's Guide to Everyday Success*, Zondervan, 1994.

Michael H. Seid, Dave Thomas, *Franchising for Dummies!*, For Dummies, 2006.

Scott Hume, *Thomas Shines as Wendy's Col. Sanders*, „Advertising Age" 1990, 6 VIII.

Linda Killian, *Hamburger Helper*, „Forbes" 1991, 5 VIII.

Marilyn Achiron, *Dave Thomas, Putting His Money Where His Heart Is*, „People Weekly" 1993, 2 VIII.

Toddi L. Gunther, *Dave's World*, „Forbes" 1994, 3 I.

Carrie Shook, *Dave's Way*, „Forbes" 1998, 9 III.

Erik Calonius, *Their Wildest Dreams*, „Fortune" 1999, 16 VIII.

Biografia na stronie Dave Thomas Foundation for

Adoption: https://davethomasfoundation.org/learn/the-thomas-family.

Biografia Dave'a Thomasa w Wikipedii: https://en.wikipedia.org/wiki/Dave_Thomas_(businessman).

Mini biografia Dave'a: https://www.youtube.com/watch?v=q8caQCaC8tc.

Reklama z udziałem Dave'a: https://www.youtube.com/watch?v=ijdcyyLcUok.

Wywiad z Davem na temat Colonela Sandersa: https://www.youtube.com/watch?v=f7u8HjdvUpk.

Motivation Bio's, https://www.youtube.com/watch?v=ZP1pHkEnwLM.

Hans Otto Wilhelm Wilsdorf

(1881-1960)

**niemiecki biznesmen,
twórca marek Rolex i Tudor**

Jak zmierzyć czas? Jedno z pierwszych pytań ludzkości doczekało się wielu odpowiedzi. W odliczaniu czasu wykorzystywano Słońce, układ gwiazd oraz różne pomysłowe przyrządy. Obok zegara słonecznego, klepsydry czy monumentalnych budowli, bardzo ważne miejsce zajmuje mały zegarek noszony na nadgarstku. Komu należy zawdzięczać niezwykłą popularność tego, wydawałoby się, niepozornego urządzenia? Czy dwunastoletni Hans Wilsdorf po śmierci ojca – właściciela sklepu żelaznego – czekający w niemieckim miasteczku Kulmbach na przyjazd wuja mógł przeczuwać, że wniesie swój wkład w historię rozwoju sztuki zegarmistrzowskiej?

Osierocony chłopiec wraz z dwójką rodzeństwa musiał zamieszkać u wujostwa. Jednak długo nie zagrzał tam miejsca. Szybko nauczył się samodzielności. Został oddany do szkoły z internatem w Coburgu. Tam ujawniły się jego wrodzone zdolności do matematyki i języków obcych, zwłaszcza angielskiego.

Po kilku latach nauki Hans opuścił szkołę i przeniósł się do Genewy, gdzie znalazł pracę jako pomocnik w firmie zajmującej się skupem pereł sprzedawanych następnie zakładom jubilerskim. Tu zdobywał pierwsze doświadczenia kształtujące w jego charakterze takie cechy, jak zmysł handlowy, dokładność, wnikliwość, a przede wszystkim przedsiębiorczość. Były to czasy szybkiego rozwoju przemysłu zegarmistrzowskiego. Na skalę światową zapoczątkowała go szwajcarska firma Cuno Korten w La Chaux-de-Fonds. To tam w 1900 roku otrzymał pracę Hans Wilsdorf. Dziewiętnastolatkowi pomogła wówczas znajomość języka angielskiego. Dla firmy bowiem niezwykle ważne były kontakty z Imperium Brytyjskim i Ameryką – najbogatszymi rynkami zbytu w owym czasie. Hans zajmował się prowadzeniem korespondencji i kontrolą produkcji. Mimo że monitorował dokładność kilkuset zegarków na dobę, otrzymywał miesięcznie nieduże wynagrodzenie.

Zdobył tam jednak bogactwo nieporównywalne z żadnymi pieniędzmi. Firma słynęła z wysokiej jakości produktów, a Hans był pełen podziwu dla pasji, z jaką produkowało się tam zegarki. Nie od razu jednak został kontrolerem jakości. Żeby móc to robić, musiał najpierw sam poznać zasady działania zegarka i jego konstrukcję. Z entuzjazmem, krok po kroku odkrywał tajniki wytwarzania niewielkich mechanizmów odmierzających czas. Podobno udało mu się pozyskać po jednej sztuce zegarka kieszonkowego od każdego z trzech najlepszych zegarmistrzów szwajcarskich. Rozbierając i na powrót składając malutkie trybiki i łożyska, mógł analizować zasady działania niewielkich mechanizmów. W ten sposób niestrudzenie uczył się i zdobywał kolejne doświadczenia w tej trudnej dziedzinie. Po latach wspominał, że to właśnie młodzieńcza praktyka w szwajcarskiej firmie dała mu niezwykłą możliwość studiowania przemysłu zegarmistrzowskiego. Zachwycony dokładnością i zasadami działania zegarków Wilsdorf odkrył sens swojego życia.

Fascynacja sztuką zegarmistrzowską i chęć zdobywania wiedzy miała niebawem zaowocować nieporównywalną z niczym pasją. Odwaga oraz niestrudzone dążenie do doskonałości sprawiły, że Hans Wilsdorf postanowił stworzyć zegarek będący połączeniem piękna i perfekcji – symbol osiągnięć człowieka, który dzięki pracy wykraczającej poza przeciętne zatrudnienie przedstawiciela klasy średniej może sobie pozwolić na jego kupno; świadectwo nie tylko statusu społecznego, ale i poziomu intelektualnego. Swoje śmiałe plany uzasadniał wnioskiem wynikającym z obserwacji dotychczasowych pracodawców. Oni także, podobnie jak Wilsdorf, nie mieli formalnego wykształcenia specjalistycznego. Ich znajomość fachu i kompetencje w tej dziedzinie pochodziły z samodzielnego zdobywania wiedzy i pomnażania doświadczeń. To umocniło młodego entuzjastę w przekonaniu, że warto kroczyć wyznaczoną drogą. Drogą naznaczoną trudem samodzielnego kształcenia się w obranej branży, a dodatkowo wysiłkiem przekraczania dotychczasowych osiągnięć sztuki zegarmistrzowskiej i dążenia do doskonałości. Wydawać by się mogło, że to zbyt odważne plany jak na człowieka, który przecież nie był ani przedsiębiorcą, ani zegarmistrzem. Otóż nie! Już niebawem miały się one urzeczywistnić.

W 1903 roku Wilsdorf zamieszkał w Londynie. Tam również zatrudnił się w firmie produkującej zegarki, ale pamiętając o marzeniach, już dwa lata później otworzył własną działalność. Czuł, że dzięki wiedzy o produkcji czasomierzy, którą nieustannie zgłębiał, jest już na to gotowy. Mógł podjąć taką decyzję także dzięki znalezieniu odpowiedniego partnera biznesowego. Był nim jego szwagier Alfred James Dawis, z którym założył spółkę Wilsdorf&Dawis. Jeszcze w 1902 roku w La Chaux-de-Fons Hans poznał Hermanna Aeglera z Bienne, właściciela firmy zegarmistrzowskiej wytwarzającej niewielkie mechanizmy do zegarków. Zachwycił się precyzyjnym wykonaniem podzespołów. To właśnie stamtąd dostarczano później najlepsze jakościowo części do produkcji zegarków pomysłu Wilsdorfa.

Początkowo firma W&D produkowała dwa rodzaje zegarków: kieszonkowe i noszone na nadgarstku, jednak tych drugich odbiorcy nie traktowali poważnie ze względu na ich awaryjność i niedokładność. Intuicja i od lat zgłębiana wiedza podpowiadały Wilsdorfowi, że gdyby skupił się na technicznej wartości produktu połączonej z wygodą użytkowania, mógłby przekonać świat do zegarka na rękę. Hans okazał się nie tylko sprawnym biznesmenem, lecz także wizjonerem. Przewidział, że zegarki kieszonkowe odchodzą w przeszłość, a przyszłość zegarmistrzostwa leży w zegarkach osobistych noszonych na nadgarstku, których nie trzeba co chwilę wyjmować z kieszeni, rozpinając płaszcz w wietrzną lub deszczową pogodę; można też je traktować jak biżuterię osobistą, symbol prestiżu i elegancji. Realizacja tego pomysłu uzależniona była od ciągłej pracy nad udoskonalaniem produktu, jednak Wilsdorf był na to przygotowany. Siła tego niezwykłego człowieka tkwiła w czerpaniu satysfakcji z pokonywania kolejnych problemów. Osobiście nadzorował produkcję wchodzących na rynek egzemplarzy, badał rynek zbytu i poznawał kolejne potrzeby odbiorców, by łatwiej eliminować wszelkie niedoskonałości zegarka noszonego na nadgarstku. To myślenie na miarę współczesnego dyrektora marketingu marki przyniosło efekty.

W 1905 roku firma Aegler zgodziła się produkować dla W&D mechanizmy tak małe, by zmieściły się w zegarku noszonym na nadgarstku. Wilsdorf z charakterystyczną dla niego wnikliwością sprawdził niezawodność podzespołów, po czym złożył ogromne zamówienie. Zaczął od srebrnych zegarków damskich i męskich. Od początku znakiem rozpoznawczym produktów firmy stała się jakość. Nawet paski do zegarków wykonane były z delikatnej, miękkiej skóry, a później bransolety ze złota i srebra.

Od 1 czerwca 1907 roku na złote i srebrne zegarki importowane nałożono obowiązek kontrolowania i cechowania w brytyjskim Urzędzie Probierczym, więc Wilsdorf był zmuszony zarejestrować nazwę marki. Ale jaka miałaby być to nazwa? Obdarzony niezwykłym zmysłem marketingowym przedsiębiorca wiedział, że powinna przede wszystkim wpadać w ucho… i zapadać w pamięć. Sam Wilsdorf w swojej krótkiej autobiografii dołączonej do *Rolex Jubliee Vademecum* wydanego w 1946 roku tak wspomina powstanie nazwy: „Próbowałem łączyć litery alfabetu w każdy możliwy sposób. To dało kilkaset nazw, ale żadna z nich nie wydawała się wystarczająco dobra. Pewnego ranka, gdy jechałem na górnym pokładzie tramwaju konnego wzdłuż Cheapside w Londynie, usłyszałem w głowie: Rolex!". To było to! Nazwa nieoznaczająca absolutnie nic, ale łatwa w zapamiętaniu, wymawiana ta samo w każdym języku europejskim i mieszcząca się na kopercie zegarka. Ostatecznie 2 lipca

1908 roku firma Wilsdorf&Dawis zarejestrowała nazwę Rolex dla zegarów, zegarków i części zamiennych do zegarków.

Perfekcjonizm Wilsdorfa sprawił, że produkowane przez niego zegarki musiały spełniać bardzo wysokie standardy jakości. W 1910 roku zegarek marki Rolex został poddany wyszukanym próbom i otrzymał certyfikat chromometru jako pierwszy zegarek osobisty w Szwajcarii. Cztery lata później niewielki rolex (o średnicy 25 mm) przeszedł pomyślnie 45-dniowe próby w pięciu pozycjach i trzech temperaturach typowe dla zegarów okrętowych i otrzymał certyfikat klasy A w prestiżowej Kew Obserwatory w Anglii. Po raz pierwszy zdarzyło się, żeby *Kew A Certyficate* otrzymał zegarek osobisty. Wilsdorf uznał ten dzień za kolejny moment przełomowy w rozwoju swojej pasji i swojego produktu. W dalszym ciągu jednak analizował stopień doskonałości stworzonego przez siebie produktu. Wychodził z założenia, że siła zegarka tkwi w jego najsłabszym punkcie. Studiował z ogromnym zainteresowaniem wszelkie nowinki techniczne branży zegarmistrzowskiej i na bazie nowej wiedzy doskonalił swoje produkty, by marka Rolex stała się synonimem niezawodności. Przed I wojną światową zegarki W&D eksportowano już z Londynu na cały świat.

Hans Wilsdorf spełnił swoje marzenie – stworzył zegarek piękny, a równocześnie kojarzący się z efektywnością i precyzją. Stworzył nie tylko idealny produkt, lecz także, a raczej przede wszystkim zaufanie do produktu. Pasmo sukcesów przerwała w 1944 roku śmierć żony Wilsdorfa. Strata najbliższej osoby była tak bolesna, iż Hans podjął decyzję o założeniu fundacji i przekazaniu jej wszystkich udziałów firmy Rolex. Do dzisiaj Fundacja Hansa Wilsdorfa sprawuje nadzór nad kapitałem firmy, a także wspiera nowatorskie rozwiązania w zakresie edukacji, kultury, ochrony przyrody i opieki nad zwierzętami.

Jednak sam Wilsdorf nie spoczął na laurach. Do końca życia wymyślał kolejne serie zegarków wyposażone w nowe udogodnienia, na przykład hermetyczny zegarek wodoodporny Oyster, samonakręcający się Rolex Oyster Perpetual czy

Datejust z funkcjonalnym kalendarzem, który natychmiast stał się bestsellerem. Rolex przechodził jeszcze wiele prób, ale jedno było pewne – to już nie Wilsdorf zabiegał o klientów, a klienci o jego produkt.

Rolex nadal należy do światowej czołówki. Produkty sygnowane tym znakiem słyną z klasycznego wyglądu i niezawodności. Stało się tak dzięki jednemu człowiekowi – Hansowi Wilsdorfowi, którego fascynacja niewielkim przedmiotem odmierzającym czas skłoniła do samodzielnego wgłębienia się w zasady działania zegarka, a praca w szwajcarskich i brytyjskich firmach zapoczątkowała pragnienie nie tylko poznania wszelkich tajników sztuki zegarmistrzowskiej, lecz także jej rozwoju. Droga, którą wtedy rozpoczął, zaprowadziła go na sam szczyt tej branży. Dzisiaj mówi się, że w każdym zegarku marki Rolex zamknięta jest cząstka duszy Wilsdorfa. Cząstka, w której dokładność, wnikliwość i nieustępliwość w dążeniu do celu łączą się z entuzjazmem, zmysłem marketingowym oraz nieustanną chęcią uczenia się i doświadczania nowego.

KALENDARIUM:

22 marca 1881 – narodziny w Kulmbach, w Bawarii

1893 – śmierć ojca, przejście pod opiekę rodziny

1905 – założenie w Londynie firmy zegarmistrzowskiej Wilsdorf&Dawis

1908 – zarejestrowanie nazwy Rolex

1912 – otwarcie biura Wilsdorf&Dawis w Bienne w Szwajcarii, zacieśnienie współpracy z Hermannem Aeglerem

1914 – przyznanie zegarkowi Rolex 25 mm certyfikatu pierwszej klasy A, tzw. *Kew A Certyficate* przez Kew Observatory w Anglii (przeznaczonego dotąd dla chromometrów okrętowych)

1915 – zmiana nazwy z Wilsdorf&Dawis Ltd. na Rolex Watch Co.

1919 – zmiana głównej siedziby firmy na Genewę w Szwajcarii

1925 – wprowadzenie do logo firmy symbolu korony, otrzymanie *Kew A Certyficate* dla zegarka damskiego

1926 – Rolex Oyster

1927 – próba przepłynięcia wpław kanału La Manche przez Mercedes Gleitze z Rolex Oyster na szyi

1928 – Rolex Prince Curvex

1931 – samonakręcający się Rolex Perpetual

1937 – chronograf Rolex Zerograph

1944 – śmierć żony Hansa Wilsdorfa i powołanie fundacji

1946 – powołanie spółki zależnej od firmy Rolex: The Tudor Watch Company

1949 – nagroda Obserwatorium Genewskiego dla chromometru Rolex za dokładność

1953 – pierwszy rolex głębinowy, Rolex Explorer, Turn-O-Graph

1954 – Rolex Submariner, Watch Basel Fair Trade Show, Rolex Lady Data

1955 – pierwszy antymagnetyczny zegarek w historii – Rolex Milgauss

1957 – Rolex Lady-Datejust

1960 – druga generacja rolexa głębinowego – zamocowany do batyskafu Trieste nie uległ ciśnieniu 110 MPa panującemu 11 kilometrów poniżej poziomu morza na dnie Głębi Challengera

6 lipca 1960 – śmierć Hansa Wilsdorfa w Genewie
w Szwajcarii
1963 – Rolex Daytona
1971 – Rolex Explorer II
1992 – Rolex Yacht-Master
2007 – Rolex Yacht-Master II, pierwszy zegarek
z ceramicznym bezelem
2008 – Rolex Day-Date II
2009 – Rolex 41 mm Datejust II
2010 – Rolex Data Submariner z ceramicznym bezelem
2012 – Rolex 42 mm Sky
2013 – Platinum Rolex Daytona

O FIRMIE ROLEX:

Rocznie zakłady produkcyjne w Genewie i Bienne wypuszczają na rynek około 1 000 000 luksusowych zegarków Rolex. Oficjalna produkcja sięga 2000 sztuk dziennie. Rolex oferuje 170 modeli zegarków dostępnych w 3200 wariantach. Jest to najbardziej rozpoznawalna marka spośród wszystkich brandów skupionych w segmencie biżuterii i zegarków. W 2007 roku „Bloomberg Businessweek" sklasyfikował firmę Rolex na 71. pozycji wśród najbardziej wartościowych marek świata. Natomiast w opublikowanym w kwietniu 2015 roku raporcie „The Global RepTrak 100" prezentującym listę 100 najbardziej renomowanych firm Rolex znalazł się już na 4. miejscu.

CIEKAWOSTKI:

- Pierwszym ambasadorem marki Rolex był kierowca rajdowy Malcolm Cambell w 1935 roku. Jeszcze w tym samym roku zegarek Rolex towarzyszył pilotom Airborne podczas lotu nad Mount Everest. Hans Wilsdorf skutecznie sprawiał, by marka kojarzyła się ludziom z pokonywaniem niemożliwego, a przy okazji potwierdzał odporność produktu na różnorodne niekorzystne warunki. W 1947 roku Chuck Yeager z rolexem na ręku pokonał barierę dźwięku, a 1953 roku Edmund Hillary, Tenzing Norgay i zegarek Rolex zdobyli Mount Everest.

- I wojna światowa wzmogła zapotrzebowanie na dobrej jakości zegarki dla żołnierzy, ale przyniosła też kłopoty producentom. W 1915 roku rząd angielski nałożył wysokie cło (33,3%) na wszystkie importowane towary luksusowe, w tym także zegary i zegarki. Wilsdorf, aby go uniknąć, rozpoczął sprzedaż bezpośrednio ze Szwajcarii. W 1919 roku zdecydował się przenieść główną siedzibę firmy do Genewy.

- Dla branży zegarmistrzowskiej czasy po zakończeniu I wojny światowej były trudne, ale zegarki Rolex cieszyły się powodzeniem i docierały do najdalszych części Imperium Brytyjskiego, gdzie panował często bardzo wilgotny klimat. Wilsdorf postanowił zmierzyć się z tym problemem. W 1925 roku wykupił patent złożony przez Paula Perregaux i Georga Pereta, by wkrótce potem wypuścić na rynek niewielką linię zegarków szczególnie odpornych na wilgoć, ponieważ poszczególne części ich obudowy były łączone podobnie do mechanizmu zakręcania słoika. Boczna objemka tarczy zegarka tworzyła pewnego rodzaju gwint, który wkręcało się w pozostałą część obudowy.

- Do początków II wojny światowej znacznie wzrósł prestiż zegarków Rolex, między innymi dzięki pilotom sił lotniczych Wielkiej Brytanii Royal Air Force, którzy wymieniali swoje gorsze jakościowo zegarki na niezawodne rolexy. Gdy trafiali do obozów jenieckich, w pierwszej kolejności konfiskowano im właśnie zegarki. Hans Wilsdorf usłyszawszy o tym, zdecydował, że tym pilotom, którzy napiszą do firmy, wyjaśniając okoliczności utraty zegarka podczas wojny, podaruje nowe rolexy, chociaż częściowo rekompensując w ten sposób przeżyte w czasie wojny cierpienia.

- Rolex niezmiennie podkreśla kunszt i jakość staroświeckiego rzemiosła. Obecnie mechanizm niedrogiego zegarka kwarcowego składa się z 50 do 100 elementów. Rolex Oyster ma

220 elementów. Ponadto dba o czystość marki, pozostając firmą niezależną i zwalczając fałszerzy, produkujących tańsze podróbki zegarków.

- Hans Wilsdorf zdawał sobie sprawę z tego, że najważniejsza obok jakości jest odpowiednia reklama produktu. Jako jeden z pierwszych wpadł na pomysł wykorzystania w reklamie produktu wizerunku znanej postaci. Wpadł na pomysł, by Mercedes Gleitz – pierwsza Brytyjka, która przepłynęła wpław kanał La Manche z Francji do Anglii w czasie 15 godzin i 15 minut, podczas powtórnego bicia rekordu miała przy sobie wodoszczelnego rolexa oystera. Wilsdorf gwarantował, że po wyjściu dziewczyny z wody zegarek nadał będzie punktualnie odmierzał czas. Warunki podczas bicia drugiego rekordu21 października 1927 roku były znacznie trudniejsze niż za pierwszym razem. Pływaczce nie udało się zakończyć przeprawy przez kanał, wyciągnięto ją zziębniętą z wody po 10 godzinach i 24 minutach, ale złoty zegarek zawieszony na jej szyi po takiej próbie działał bez zarzutu. Mercedes Gleitze „The Times" okrzyknął bohaterką, a wraz z nią bohaterem stał się zegarek, który po takiej kąpieli był nadal w idealnym stanie. Ta wiadomość obiegła cały świat, a marka Rolex stała się synonimem niezawodności. Kampania reklamowa trwała do 24 listopada 1927 roku, gdy za cenę 1600 dolarów Wilsdorf wykupił pierwszą stronę „Daily Mail", na której widnieje zdjęcie rolexa z podpisem: „cudowny zegarek Rolex – najlepszy na świecie w każdym teście".

- Firmy powstałe na początku XX wieku podejmowały symboliczne działania promocyjne. Ale nie firma Hansa Wilsdorfa, który był arcymistrzem reklamy swoich czasów, między innymi wpadł na genialny pomysł, by w sklepach autoryzowanych dealerów pokazywać model Rolex Oyster umieszczony w akwariach z prawdziwymi pływającymi wokół niego rybami, co budziło podziw i niedowierzanie klientów. Po śmierci Wilsdorfa kontynuowano zaskakujące strategie reklamowe.

W latach 70. Rolex, jak i wiele innych prestiżowych manufaktur, znalazł się na skraju bankructwa, ponieważ wynalazek mechanizmu kwarcowego obniżył ceny zegarków. Szwajcarskiemu przedsiębiorstwu z pomocą przyszli producenci filmu o przygodach Jamesa Bonda, zakładając agentowi 007 na rękę rolexa submarinera. To spowodowało w krótkim czasie znaczny wzrost zainteresowania marką.

- Do dziś Rolex jest oficjalnym czasomierzem najważniejszych turniejów tenisowych, takich jak Australian Open czy Wimbledon.

CYTATY:

O Rolexie: „Dusza w maszynie".

O Hansie Wilsdorfie: „Wachmann [strażnik czasu] swoich czasów".

„Człowiek, który nie kupił sobie zegarka marki Rolex przed 50. urodzinami, zmarnował ży-

cie" – słowa Dalajlamy na plakacie kampanii
społecznej belgijskiego oddziału Amnesty Inter-
national przeprowadzonej w 2014 roku.

ŹRÓDŁA I INSPIRACJE:

Dawid Boettcher, *Rolex*, http://www.vintagewatch-
straps.com/myrolexpage.php&prev=search.

Norbert Oruba, *Działania marketingowe firm na
rynku dóbr luksusowych w segmencie biżuterii
i zegarków na przykładzie marki Rolex*, http://
marketerplus.pl/teksty/artykuly/dzialania-
-marketingowe-firm-na-rynku-dobr-luksuso-
wych-w-segmencie-bizuterii-i-zegarkow-na-
-przykladzie-marki-rolex.

Rolex Story – IIans Wilsdorf and his Amazing Watch,
http://www.watchmasters.net/the-rolex-story-
-hans-wilsdorf.html.

The Hans Wilsdorf Story (Founder of Rolex), http://
rolexblog.blogspot.com/2010/07/we-want-to-be-
-first-in-field-and-rolex.html.

World of Rolex: http://www.rolex.com.

Norbert Oruba, *Historia zegarków Rolex*, http://luxti-me.pl/pl/i/Historia-Zegark%C3%B3w-Rolex/94.
The Rolex History & Timeline, https://beckertime.com/the-evolution-history-of-rolex/ [3 I 2016].

Charles Kemmons Wilson

(1913-2003)

amerykański biznesmen i przedsiębiorca,
założyciel sieci hoteli Holiday Inn

Kemmons Wilson – oto człowiek legenda, który spełnił amerykański sen o karierze od pucybuta do milionera. Nazywany jest ojcem współczesnego hotelarstwa. Jego sieć hoteli Holiday Inn na zawsze zmieniła amerykańską kulturę podróżowania. W 1969 roku został uznany przez „The Sunday Times" za jedną z tysiąca osób, które wpłynęły na obraz XX wieku. Jak wyglądała jego droga do sukcesu? W czym tkwi tajemnica jego powodzenia?

Wilson pochodził z niezamożnej rodziny. Jego ojciec był agentem ubezpieczeniowym. Zmarł, kiedy Kemmons miał dziewięć miesięcy. Wtedy młoda wdowa, niespełna osiemnastoletnia Doll Winson, przeniosła się z malutkim Charliem do Memphis, gdzie znalazła pracę jako asystentka w gabinecie dentystycznym. Wiedli bardzo skromne życie, ale pełne miłości i oddania. Kemmons był bardzo związany z matką, która odegrała ważną rolę w jego życiu. Jak często później wspominał, nauczyła go, że może zrobić wszystko, co zechce, i powtarzała mu to tak często, że w to uwierzył. Ta pewność i poczucie bezwarunkowej akceptacji dały mu energię i wiarę, które wciąż go motywowały.

Jednak jego dzieciństwo nie było różowe. Od najmłodszych lat poznawał wartość pieniądza. Ze skromnej pensji matki trudno było im się utrzymać, a on bardzo chciał jej pomóc! Wymyślał więc, jak mógłby zarobić dużo pieniędzy i marzył, że zbuduje mamie dom. Ale nie poprzestał na marzeniach – miał 6 lat, kiedy został roznosicielem gazety „The Saturday Evening Post". Już w pierwszej pracy okazał się bardzo operatywny i zaradny. Szło mu tak dobrze, że kilka lat później

(w wieku kilkunastu lat!) kierował już dwunastoma roznosicielami.

Jako nastolatek szukał różnych sposobów za-
rabiania pieniędzy, niemal od rana do wieczora.
Składał i sprzedawał bujane fotele, pakował i roz-
nosił zakupy, pracował jako sprzedawca wody so-
dowej… Wykorzystywał też już wtedy swój zmysł
obserwacji – zbierał dane, analizował i wyciągał
wnioski. Tę metodę zresztą stosował we wszystkich swoich kolejnych przedsięwzięciach. A przy
tym wszystkim chodził do szkoły i się uczył, czego
bardzo pilnowała Doll. Kiedy miał 14 lat, podczas
pracy potrącił go samochód. Poważne złamał pra-
wą nogę i długo leżał w gipsie. Był zdeterminowa-
ny, aby szybko wrócić do zdrowia. W tym czasie
jego zarobki stanowiły już sporą część dochodów
rodziny, a choroba spowodowała, że znowu zaczę-
ło brakować pieniędzy. Mimo prognoz lekarzy, że
będzie kulał, już po 11 miesiącach zaczął chodzić
i mógł wrócić do szkoły oraz do swoich interesów.
Ta pierwsza, dramatyczna sytuacja bardzo go za-
hartowała i nauczyła, jak sobie radzić z przeciwnościami losu. A tych przybywało…

Nadchodził Wielki Kryzys lat trzydziestych XX wieku. Doll Wilson poważnie zachorowała, a po powrocie ze szpitala została zwolniona z pracy. Siedemnastoletni Kemmons wbrew woli matki porzucił naukę w szkole średniej na dwa miesiące przed jej ukończeniem. To na pewno była trudna decyzja, ale rodzina liczyła się dla niego najbardziej. Aby zapewnić utrzymanie matce i sobie, poszedł do pracy. Bardzo się starał i wkrótce poprosił o podwyżkę, ale jej nie otrzymał. To był jeden z przełomowych momentów, w których Kemmons zrozumiał, że aby posuwać się naprzód, aby coś osiągnąć, czasami trzeba zaryzykować i pójść pod prąd. Zrezygnować z zajęcia bezpiecznego, ale bez perspektyw, na rzecz czegoś nowego, rozwijającego. Rzucił pracę i na pewien czas powrócił do roznoszenia gazet i sprzedawania zimnych napojów. Jednak nie na długo...

Wpadł bowiem na pomysł, który miał po raz pierwszy przynieść mu spore pieniądze. Za pożyczone od kolegi 50 dolarów kupił maszynę do robienia popcornu i sprzedawał prażoną kukurydzę w miejscowym kinie. Zarabiał 30-40 dolarów tygodniowo, a właścicielowi kina płacił… 2,5 dolara za energię i wynajem powierzchni. Ten szybko zorientował się, że Kemmons zarabia kilkakrotnie więcej niż on na sprzedaży biletów! Wściekły wypowiedział mu umowę, jednak Wilson zadbał o to, żeby odkupił od niego maszynę do popcornu. To pokazuje, że Kemmons nawet w trudnej sytuacji potrafił zachować zimną krew i kalkulować tak, żeby jak najmniej stracić na interesie, z którego musiał się wycofać.

Dzięki swojej determinacji i umiejętności wykorzystywania każdej nadarzającej się okazji szybko znalazł pomysł na kolejny biznes. Za pieniądze ze sprzedaży maszyny do popcornu kupił kilka flipperów (automatów do gry). Rozliczne interesy szły mu tak dobrze, że w 1933 roku spełnił marzenie swojego dzieciństwa – wybudował dom dla siebie i matki. Był młody, zamożny i właśnie się zakochał w Dorothy Lee, swojej przyszłej żonie. Wtedy też zainteresował się lataniem, które stało się jego wielką pasją. Wiódł dostatnie życie, mógł poprzestać na tym, co osiągnął, jednak tego nie zrobił. Wewnętrzne poczucie, że stać go na znacznie więcej, ogromna pracowitość i entuzjazm odczuwany z każdym kolejnym przedsięwzięciem motywowały go do dalszej pracy. Znowu podjął niezbędne ryzyko, aby się rozwijać – wziął swój pierwszy kredyt (pod hipotekę domu) i zainwestował 3000 dolarów, kupując więcej automatów do gry, szafy grające i dozowniki papierosów. Dobrze na tym zarabiał i inwestował pieniądze, więc pod koniec lat trzydziestych był już właścicielem siedmiu kin w Memphis oraz współwłaścicielem samolotu, który nauczył się pilotować.

W 1941 roku Kemmons ożenił się z ukochaną Dorothy i planował założenie rodziny, ale przeszkodziło mu w tym przystąpienie USA do II wojny światowej. Zanim zaciągnął się do wojska, sprzedał swoją firmę, aby zapewnić matce i żonie stabilność finansową, gdyby coś mu się stało. Podczas wojny służył jako pilot bojowy. Jeden z kolegów wspominał, że na pytanie, dlaczego wciąż zgłasza się do akcji na ochotnika (odbył w sumie 65 misji), odpowiedział: „Nie sądzę, żebyśmy wygrali tę wojnę beze mnie”. Oto cały Wilson – w pełni oddany i zaangażowany w sprawę, w którą wierzył.

Po zakończeniu wojny Kemmons wrócił do domu i żony. Rodzina się powiększała, rodziły mu się kolejne dzieci, których miał w sumie pięcioro (trzech synów i dwie córki). Nadal jednak pozostał aktywny i przedsiębiorczy. Jako przykład jego doskonałej biznesowej intuicji oraz wielokrotnie podkreślanej umiejętności wykorzystywania okazji niech posłuży jego kolejne przedsięwzięcie. Otóż przewidział on, że po wojnie rozpocznie się boom mieszkaniowy i zainwestował w branżę budowlaną. Wybudował dziewięć domów typu bliźniak, które potem wynajmował byłym żołnierzom i ich rodzinom. Wkrótce potem założył przedsiębiorstwo budowlane i zajął się sprzedażą mieszkań i domów na większą skalę. Próbował również swoich sił w innych branżach, w których jednak poniósł pewne straty. Niemniej szybko uczył się na błędach i w 1950 roku był już milionerem.

W sierpniu 1951 roku Wilson wybrał się wraz z rodziną samochodem w podróż z Memphis do

Waszyngtonu. Amerykański dziennikarz i laureat Pulitzera David Halberstam nazwał tę podróż „wakacjami, które zmieniły oblicze amerykańskich dróg". Jazda z małymi dziećmi okazała się dla Kemmonsa i Dorothy uciążliwa, a jakość pokoi, w których zatrzymywali się po drodze, pozostawiała wiele do życzenia, ponadto były bardzo drogie. Wtedy właśnie Wilson wpadł na pomysł, który przyniósł mu sławę i pieniądze. Postanowił stworzyć sieć tanich hoteli dla klasy średniej, które oferowałyby pewien jednolity standard. Był pełen entuzjazmu i zapału, chociaż zupełnie nie znał się na hotelarstwie. Już w czasie tej podróży dokładnie zweryfikował swój pomysł: w każdym hotelu, w którym się zatrzymywali, prowadził obliczenia, sprawdzał częstotliwość sprzątania, pytał o ceny wyżywienia, mierzył wielkość pokoi, a nawet szerokość łóżek! Uczył się też od innych, nawet od swoich dzieci, które zwróciły mu uwagę na to, że w hotelu przydałby się basen.

Projekt nowego hotelu na podstawie dokładnych wytycznych Wilsona przygotował architekt

Eddie Bluestein. Pierwszy zielono-żółty hotel Holiday Inn otwarto w Memphis w 1952 roku. Miał on 120 wygodnych pokoi z klimatyzacją, telefonem i telewizorem. W hotelu znajdowała się restauracja serwująca smaczne jedzenie w rozsądnych cenach, ponadto były tam darmowy basen i parking, a nawet maszyna do robienia lodu. Dzieci mieszkające w pokoju wraz z rodzicami nie płaciły za zakwaterowanie. Można też było trzymać psy w hotelu. To była całkowita rewolucja w branży hotelarskiej.

Wilson od początku myślał o rozwinięciu sieci hoteli, ale nie miał na ten cel odpowiednich funduszy. Wpadł więc na genialny pomysł – postanowił zarejestrować prawnie markę Holiday Inn, a następnie oferować budowę hoteli na prawach franczyzy. Jak później wspominał, kiedy realizował ten plan, nie wiedział nawet, że ten mechanizm biznesowy nazywa się franczyzą. Na czym polegała jego innowacyjność? Do tej pory sieci franczyzowe, począwszy od pierwszego tego rodzaju przedsięwzięcia – systemu sprzedaży i obsługi maszyny do szycia Singera, opierały się na sprzedaży i obsłudze produktów (na przykład cukiernie Bliklego w Polsce sprzedawały pączki i inne słodycze, restauracje McDonald's w USA – jedzenie typu fast food). Wilson jako jeden z pierwszych wprowadził do systemu franczyzowego usługi – ofertę taniego noclegu dla rodziny w dobrej jakości miejscu. To był strzał w dziesiątkę.

Wkrótce wraz ze znanym przedsiębiorcą budowlanym Wallacem E. Johnsonem Wilson założył firmę Holiday Inn of America Incorporated, której prezesem został. Tymczasem hotele tej marki rosły jak grzyby po deszczu w całych Stanach Zjednoczonych. Pod koniec lat pięćdziesiątych firma weszła na giełdę, a w 1960 roku otwarto pierwszy hotel za granicą: w Montrealu w Kanadzie. Sieć Holiday Inn słynęła z jakości obsługi i standaryzacji produktu – gość każdego hotelu mógł oczekiwać jednakowej obsługi i podobnych udogodnień. Wilson chętnie wprowadzał też innowacje, takie jak elektroniczny system rezerwacji czy program lojalnościowy dla gości często podróżujących. Dbał także o swoich pracowników, co uważał za swój obowiązek, oferując im udziały w hotelach, pakiety pracownicze, bezpłatne noclegi w różnych hotelach sieci na świecie i inne korzyści.

Chociaż Wilson był już wtedy multimilionerem, jego życie nie zmieniło się znacząco. Mieszkał z rodziną w wygodnym, ale nie ostentacyjnie bogatym domu. Pracował po kilkanaście godzin dziennie, jednak znajdował czas na życie rodzinne. Starał się wpoić dzieciom zasady, które go ukształtowały: szacunek do pieniądza (którego wartość poznawały, pracując w wakacje), poczucie odpowiedzialności za siebie i rodzinę, umiejętność dostrzegania i wykorzystywania możliwości, etos pracy, entuzjazm i ciągłe dążenie do rozwoju. Rodzina była bardzo ważna w jego życiu. To właśnie ona była motorem jego działań, odegrała też kluczową rolę w kształtowaniu innowacyjnych pomysłów, które uczyniły go wielkim. Pozostał za to wdzięczny, pracując wiele na rzecz społeczności, w której mieszkał. Chciał dać innym możliwości, których on nie miał. Prowadził działalność filantropijną i charytatywną.

Wspierał muzea, szkoły, organizacje młodzieżowe i uniwersytet.

W 1979 roku po rozległym zawale serca Wilson wycofał się z Holiday Inn, ale nie spoczął na laurach. Szybko zareagował na kryzys w branży turystycznej z początku lat osiemdziesiątych, zakładając nową sieć moteli biznesowych Wilson World, przeznaczonych dla osób podróżujących w interesach. Miał też pomysł, aby wykorzystać infrastrukturę hotelową do organizowania szkoleń i konferencji biznesowych, który realizował w nowej sieci hoteli (dzisiaj to standard, ale wtedy – całkowita nowość). Po sprzedaży praw do Holiday Inn w 1990 roku pozostało aktywnych ponad 60 firm w Memphis, zarządzanych przez Wilsona i jego rodzinę w grupie Kemmons Wilson Companies (firma prężnie działa do dzisiaj). Były to między innymi drukarnia, dom opieki i fabryka cukierków.

Kemmons Wilson zmarł w 2003 roku w Memphis w wyniku nieudanej operacji. Pozostawił po sobie ciekawą autobiografię, w której zawarł słynne 20 kroków do osiągnięcia sukcesu, oraz szkołę hotelarską nazwaną jego imieniem, którą ufundował na Uniwersytecie w Memphis, a także ogromną spuściznę biznesową: sieć hoteli Holiday Inn, Wilson World, Kemmons Wilson Companies zarządzającą ponad 60 przedsiębiorstwami w Memphis i wiele mniejszych inwestycji. Jego dzieci i wnuki do dzisiaj prowadzą liczne firmy rodzinne, które założył.

W swoich kolejnych przedsięwzięciach Wilson wykorzystywał metodę, której nauczył się jako młody człowiek: najpierw zbierał informacje i obserwował, następnie weryfikował swój pomysł, opierając się na badaniach (własnych oraz innych osób), wreszcie zabierał się za jego realizację. Umiejętnie też potrafił delegować obowiązki, wykorzystując wiedzę i zdolności swoich współpracowników. Mawiał, że nie musimy umieć wszystkiego, ważne, abyśmy znaleźli osobę, która to umie i zrobi to dla nas. Szybko reagował na zmiany i wyciągał wnioski ze swoich niepowodzeń, a każde kolejne jego przedsięwzięcie miało większy rozmach i było lepiej przemyślane, co świadczy o jego ciągłym rozwoju i dążeniu do doskonałości. W swojej autobiografii często podkreślał, że bardzo ważne w procesie samorozwoju jest popełnianie błędów i umiejętność wyciągania wniosków na ich podstawie. „Człowiek, który nigdy nie popełnia błędów, jest równy człowiekowi, który nic nie robi" – twierdził.

Można powiedzieć, że Wilson miał w życiu dużo szczęścia i świetne pomysły, kiedy spełniał swój amerykański sen. Ale on budował swój sukces przez całe życie, od dziecka. U jego podstaw leżały cechy charakteru, takie jak ogromna pracowitość, otwartość na nowe możliwości, dostrzeganie i wykorzystywanie nadarzających się okazji, umiejętność podjęcia niezbędnego ryzyka, dążenie do doskonalenia i rozwoju, wytrwałość i determinacja, a przy tym niespożyta energia, którą daje tylko prawdziwy entuzjazm we wszystkim, co robił – od roznoszenia gazet, przez sprzedaż popcornu, latanie, wychowywanie dzieci, budowanie domów, po zarządzanie największą siecią hoteli na świecie.

KALENDARIUM:

1913 – Kemmons Wilson urodził się 5 stycznia
        w Osceoli, w stanie Arkansas
1914 – matka Kemmonsa po śmierci męża przenio-
        sła się z synkiem do Memphis
1933 – Kemmons kupił dom dla siebie i matki
1941 – ślub Wilsona z Dorothy Lee
1943-1945 – Wilson służył jako pilot bojowy w Air
        Transport Command podczas II wojny świa-
        towej, odbył w sumie 65 misji
1946 – powstało Kemmons Wilson Incorporated
1948 – powstało Kemmons Realty Company
1951 – Wilson został milionerem
1951 – słynna podróż z Memphis do Waszyngtonu,
        w czasie której Wilson wpadł na pomysł za-
        łożenia sieci hoteli
1952 – wybudowano pierwszy hotel Holiday Inn
        w Memphis przy Summer Avenue
1953 – rozbudowa sieci i wspólpraca z Walalcem
        E. Johnsonem
1954 – powstała firma Holiday Inn of America In-
        corporated

1960 – otwarto pierwszy hotel Holiday Inn poza USA, w Montrealu w Kanadzie

1965 – w Holiday Inn powstał pierwszy na świecie elektroniczny system rezerwacji noclegów w hotelach (Holidex)

1976 – w Krakowie otwarto pierwszy hotel Holiday Inn w Polsce

1979 – Wilson po rozległym zawale serca wycofał się z Holiday Inn

1984 – Wilson założył nową sieć tanich hoteli biznesowych Wilson World

1990 – Wilson sprzedał prawa do Holiday Inn, sieć stała się ostatecznie częścią Intel Continental Group

1996 – Wilson napisał autobiografię

2003 – Kemmons Wilson zmarł 12 lutego w Memphis

DANE LICZBOWE:

Pierwszy hotel Holiday Inn otwarto w 1952 roku. W 1958 roku było ich już 50, rok później – 100, a w 1968 roku – 500. Kiedy Wilson wycofał się z firmy w 1979 roku, wybudowano już 1759 hoteli tej sieci w 50 krajach na świecie.

CIEKAWOSTKI:

- Nazwa Holiday Inn pochodzi od tytułu musicalu z 1942 roku (polska nazwa *Gospoda świąteczna*) z Bingiem Crosbym, Fredem Astaire'em i Virginią Dale.
- Motto Holiday Inn brzmiało: „Najlepszą niespodzianką jest brak niespodzianek".
- Holiday Inn było pierwszą marką usług zarejestrowaną w urzędzie patentowym Stanów Zjednoczonych.
- W szczytowym okresie, na początku lat siedemdziesiątych, nowy hotel tej sieci był otwierany co trzy dni!
- W 1998 roku podczas ceremonii otwarcia szkoły hotelarskiej przy Uniwersytecie w Memphis noszącej jego imię Wilson powiedział: „Naprawdę nie wiem, dlaczego tu jestem. Nigdy nie otrzymałem dyplomu, a pracowałem tylko

przez pół dnia przez całe życie. To moja rada dla was: pracujcie tylko pół dnia. Nie ma znaczenia, która to połowa: albo pierwsze 12, albo ostatnie 12 godzin dnia".

CYTATY:

„Są dwa sposoby na to, żeby znaleźć się na wierzchołku dębu. Jeden to usiąść na żołędziu i czekać. Drugi to wspiąć się na drzewo".

„Okazje zdarzają się często. Pukają do drzwi zawsze, kiedy potrafisz je usłyszeć, dostrzec, pochwycić i wykorzystać".

„Nie zamartwiaj się. Nie możesz zmienić przeszłości, ale na pewno możesz zniszczyć teraźniejszość, lękając się o przyszłość. Pamiętaj, że połowa zdarzeń, których się boimy, nigdy nie nastąpi, a druga połowa wydarzy się niezależnie od nas. Więc po co się martwić?"

„Szczęście nie polega na robieniu tego, co się lubi, ale na lubieniu tego, co się robi".

ŹRÓDŁA I INSPIRACJE:

Biografia Charles'a Kemmonsa Wilsona w: Encyclopedia of Arkansas History and Culture, http://www.encyclopediaofarkansas.net/encyclopedia/entry-detail.aspx?entryID=2765.

Hasło: *Holiday Inn*, Wikipedia, https://en.wikipedia.org/wiki/Holiday_Inn.

Kemmons Wilson Companies: http://kwilson.com.

Kemmons Wilson, Robert Kerr, *Half Luck and Half Brains. The Kemmons Wilson Holiday Inn Story*, Hambleton Hill Publishing, 1996.

Biografia Charles'a Kemmons Wilson w Wikipedii: https://pl.wikipedia.org/wiki/Kemmons_Wilson.

Wystąpienie Kemmonsa Wilsona podczas otwarcia Tennessee Governor's School For Hospitality and Tourism, 8 czerwca 1998 roku, http://kwilson.com/our-story/holiday-inns/kw-speech-1998.

Kemmons Wilson: America's Inkeeper, Business Week, Bloomberg, http://www.bloomberg.com/bw/stories/2004-10-10/kemmons-wilson-americas-innkeeper.

Robert Woliński, *Rewolucyjna podróż, czyli historia Kemmonsa Wilsona i sieci Holiday Inn,* „Hotelarz" 2003, nr 9-10.

Stanley Turkel, *Great American Hoteliers: Pioneers of the Hotel Industry*, Bloomington Author House, 2009.

Tadeusz Tubalicki, *Organizacja pracy*, cz. 1: *Technik hotelarstwa*, WSiP, 2009.

Wilson Hotel Management, http://www.wilsonhotels.com/historylinks/history.html.

❉

Reinhold Wurth

(ur. 1935)

niemiecki przedsiębiorca i kolekcjoner dzieł sztuki, właściciel firmy Wurth – światowego giganta w dziedzinie mocowań dla przemysłu

Z małej firmy, w której pracował wraz z ojcem, w ciągu kilku dekad stworzył obecny na pięciu kontynentach koncern, zatrudniający blisko 70 tysięcy osób i posiadający miliardowe obroty. Reinhold jest jednym z najbogatszych Niemców, a najbardziej charakterystyczną cechą jego charakteru jest skromność. To człowiek z wizją. Ambitny i kreatywny samouk. Jego współpracownicy i najbliżsi mówią, że posiada niewyczerpane pokłady optymizmu. Dzięki temu nie poddawał się, nawet gdy było ciężko.

Reinhold Wurth był starszym z dwóch synów Almy i Adolfa Wurtha. Urodził się w Ohringen w Westfalii. W czasie II wojny światowej jego ojciec był dyrektorem handlowym jednej z fabryk w okupowanej przez Niemców Francji. Latem 1945 roku Adolf Wurth wykorzystując swoje doświadczenia, otworzył niewielką hurtownię śrub i wkrętów do drewna w miejscowości Kunzelsau w Badenii-Wirtembergii. Gdy Reinhold miał 14 lat, rozpoczął pracę u ojca, jednocześnie ucząc się w Szkole Handlowej. Wymagało to od niego ogromnej dyscypliny, bo pracy w rozwijającej się firmie było coraz więcej, a nauki w szkole nie ubywało. Jako 17-latek ukończył szkołę i zdał pomyślnie egzaminy w Izbie Przemysłowo-Handlowej ze specjalności sprzedaży hurtowej i detalicznej.

Wiedza teoretyczna to jedno, a praktyka to zupełnie inna sprawa. Reinhold przekonał się o tym wkrótce na własnej skórze. W 1954 roku nagle i niespodziewanie, zaledwie w wieku 45 lat umarł na zawał serca jego ojciec. Reinhold jako

19-latek stanął przed pierwszym ważnym wyzwaniem, jakim dla młodego chłopaka było samodzielne prowadzenie firmy. Na szczęście pierwsze lata pracy spędził u boku ojca, bacznie go obserwując, jak również samodzielnie rozwiązując codzienne problemy w biznesie. Uzbrojony w pięcioletnie doświadczenie i... młodzieńczy entuzjazm, podjął odważną i słuszną decyzję o kontynuowaniu dzieła ojca. Po latach podczas uroczystości z okazji setnej rocznicy urodzin swojego ojca powiedział: „Bez miłości i determinacji mojej matki oraz wskazówek mojego ojca, które chłonąłem jako młodzieniec, nie byłbym w stanie doprowadzić firmy do miejsca, w którym obecnie się znajduje". Reinhold zawsze wypowiada się z wielkim szacunkiem o swoich rodzicach. Zdaje sobie sprawę, ile im zawdzięcza jako człowiek i przedsiębiorca.

Prowadząc samodzielnie firmę, wykazywał się pracowitością i determinacją. Miał jeden cel: utrzymać się na rynku. Konsekwentnie go realizował – zarabiał pieniądze i był wypłacalny. Jeszcze gdy żył jego ojciec, rozmawiali dużo o strategicznym planowaniu. Po przejęciu firmy Reinhold wdrożył te nauki. Planował cele i działania w cyklu pięcioletnim. Wymagało to od niego szerokiego spojrzenia na rynek i umiejętności przewidywania tego, co może się wydarzyć. Od samego początku wykazywał się znakomitym zmysłem obserwacji, analitycznym umysłem oraz kreatywnym podejściem do rozwiązywania problemów. Obserwując rynek dostawców mocowań, wpadł na innowacyjny pomysł. Zauważył, że przytłaczająca większość hurtowni czeka na to, by klienci do nich przyjechali i dokonali zakupu. On nie chciał czekać na klientów, chciał ich aktywnie pozyskiwać. Postanowił działać i zatrudnił pierwszych trzech przedstawicieli handlowych, których zadaniem było odwiedzanie rzemieślników i proponowanie im zaopatrzenia w śruby i wkręty. Na dodatek klienci nie musieli przyjeżdżać do siedziby firmy po odbiór towaru, bo zamówienia dostarczano bezpośrednio na budowy lub do ich zakładów. Okazało się to strzałem w dziesiątkę i dało solidne podwaliny pod rozwój biznesu. Do dziś cała sprzedaż firmy oparta jest na działaniach w terenie. W 2016 roku 40% z 70 000 pracowników Wurth-a to przedstawiciele handlowi. 30 000 sprzedawców spotyka się każdego dnia z trzystoma tysiącami klientów!

Kolejnym przykładem innowacyjnego podejścia Wurtha było rozpoczęcie samodzielnej produkcji śrub. Ta decyzja była efektem samodzielnej nauki, jaką wyciągnął po kilku latach obecności w branży narzędziowej. Zauważył bowiem, iż samodzielna produkcja pozwoli jego firmie na większą elastyczność i szybsze reagowanie na zamówienia klientów, a w tym upatrywał możliwości zdobycia przewagi na rynku. W 1958 roku młody szef na zebraniu z pracownikami powiedział: „Od teraz będziemy produkować śruby u siebie". W listopadzie tego samego roku ruszyła produkcja w piwnicy budynku w Künzelsau. To początek nowej ery w historii firmy, ery ogromnego wzrostu sprzedaży.

Reinhold nie skupiał się wyłącznie na procesach produkcyjnych i handlowych, lecz przede wszystkim obserwował ludzi i zastanawiał się, w jaki sposób zwiększyć ich wydajność oraz motywację do pracy. Zawsze interesowała go psychologia. Jego celem było stworzenie swoim robotnikom jak najlepszych warunków do pracy i rozwoju. Zauważył między innymi, że pracownicy bardzo dobrze reagują na pozytywne wzmocnienia, zatem uczył się, jak być szefem wspierającym swoich ludzi. Tak właśnie rozumiał swoją rolę – jako pomocnika w codziennej pracy, a nie jako zarządcę. Wykazał się nie lada mądrością. Wiedział, że ludzie lubią być doceniani i w różny sposób nagradzani. Jeszcze jako młodziutki szef zabierał swoich pięciu pracowników na wycieczki samochodem po okolicy. Jeden z nich wspomina na stronie internetowej firmy Wurth wyjazd z 1957 roku żółtym mercedesem szefa przez Baden Baden do Szwarcwaldu. „To było dla mnie nie lada przeżycie, bo nigdy nie byłem tak daleko od domu!" – opowiada. Takie – wydawałoby się – drobne gesty bardzo mocno budowały lojalność pracowników i związywały ich z Wurthem na całe lata.

W późniejszym czasie, gdy firma obecna była na wszystkich kontynentach, Reinhold zawsze bardzo dbał o to, aby kultura organizacji Wurtha w danym kraju była zbieżna z tamtejszymi tradycjami i mentalnością ludzi. Przez kolejne lata systematycznie i cierpliwie zdobywał pozycję na rynku niemieckim, decydując się w 1962 roku na otwarcie pierwszych firm córek za granicą. Wybór padł na Holandię. Lata sześćdziesiąte to czas ekspansji do krajów Europy Zachodniej, a w roku 1969 Wurth pojawił się w USA, otwierając tam swoją firmę – Wurth USA Inc.

Reinhold zawsze starał się być krok przed konkurencją, dlatego cały czas uczył się i obserwował trendy na rynku. Udoskonalał swoje patenty, aż na początku lat 70. wprowadził innowacyjne rozwiązania, tworząc nową generację wkrętów ze znakomitym napędem śrubowym. Jego podstawowym hasłem było: „Jesteśmy pracownikami naszych klientów". Takie stawianie sprawy powodowało, że przedstawiciele firmy byli bardzo wyczuleni na wszelkie sygnały od klientów. Orientowali się, co się klientom podoba i czego mogą potrzebować. Dzięki takiemu badaniu rynku Wurth był w stanie lepiej zaspokajać potrzeby klientów, zostawiając w tyle konkurencję. Firma uruchomiła wtedy produkcję i sprzedaż wierteł spiralnych, dozowników kablowych oraz zaawansowanych modeli śrub. Wszystko to pod swoją nową, ekskluzywną marką ZEBRA, co okazało się dobrym marketingowym posunięciem! Lata samodzielnej nauki biznesu przynosiły efekty. Firma pojawiała się na nowych rynkach. Kolejne przystanki na trasie ekspansji Wurtha to Azja i Australia. Dziś produkty firmy z Kunzelsau sprzedawane są w 80 krajach na całym świecie. W 1994 roku Reinhold odszedł na emeryturę. Zasiada jedynie w komitecie doradczym Grupy Wurth.

Od 1956 roku jest w związku małżeńskim z Carmen Wurth. Mają troje dzieci. Najstarszy syn Markus z powodu choroby, którą przeszedł w dzieciństwie i złego prowadzenia przez lekarzy jest niepełnosprawny umysłowo. Od 30 lat przebywa w luksusowym ośrodku dla osób umysłowo chorych. Jedna z córek Reinholda Bettine jest prezesem w koncernie ojca. Wurth ma obecnie 81 lat. Mieszka wraz z żoną na zamku Harmersberg w okolicach Stuttgartu. Prywatnie jest miłośnikiem awiacji – posiada licencję pilota. Uwielbia też jazdę swoim harleyem.

Reinhold dzięki swojej odwadze podjął się trudnej dla 19-latka misji – prowadzenia firmy po zmarłym ojcu. Nie tylko podołał temu zadaniu, ale znacznie przekroczył jego granice. Z malutkiej hurtowni z wkrętami dla stolarzy stworzył światowego potentata w branży narzędziowej, skupiającego 400 firm i zatrudniającego prawie 70 000 osób. Zrobił to, bo wierzył w siebie i miał wizję, którą konsekwentnie realizował. Samodzielnie poznawał zasady rządzące rynkiem i ciągle uczył się. Dzięki wprowadzaniu śmiałych innowacji odniósł wielki sukces. Ten sukces nie byłby możliwy bez ludzi, z którymi współpracował. Reinhold rozumiał, że to oni są podstawą jego biznesu, a dzięki zainteresowaniu psychologią wiedział, jak do nich trafić i jak z nimi rozmawiać. Posiadał zmotywowanych i oddanych pracowników. W trudnych momentach swojego życia zawsze patrzył w przyszłość z optymizmem. Jak sam przyznaje, ogromnym wsparciem zawsze była dla niego rodzina oraz matka Alma, która współtworzyła z synem kulturę organizacyjną i politykę firmy. Wurth odważnie inwestował w rozwój na nowych rynkach, co bez wyjątku kończyło się corocznym zwiększeniem sprzedaży. Niemiecki biznesmen nie ma wyższego wykształcenia, jednak legitymuje się tytułem profesora nadanym mu za zasługi dla niemieckiej gospodarki. Wie, jak ważna jest nauka i edukacja. Inwestuje w uczelnie wyższe, prowadzi wykłady, przekazując swoją bezcenną wiedzę młodym ludziom, którzy marzą o takiej drodze, jaką on przeszedł.

KALENDARIUM:

20 kwietnia 1935 – w Ohringen przychodzi na świat Reihold Wurth, jest pierwszym synem Adolfa i Almy

1945 – Adolf Wurth otwiera małą hurtownię śrub i wkrętów do drewna w miejscowości Kunzelsau

1950 – Reinhold rozpoczyna pracę u ojca, jednocześnie ucząc się w Szkole Handlowej

1952 – siedemnastoletni Wurth zdaje pomyślnie egzaminy w specjalnościach sprzedaż hurtowa
i detaliczna przed komisją Izby Przemysło-
wo Handlowej

1954 – Reinhold przejmuje firmę po niespodziewa-
nej śmierci swojego ojca Adolfa

1956 – ślub Reinholda z Carmen; obecnie mają trój-
kę dzieci, a córka Bettina jest jednym z pre-
zesów w zarządzie grupy Wurth

1960 – zakup pierwszych obrazów autorstwa Emila Nolde do powstającej kolekcji dzieł sztuki
współczesnej

1958 – Reinhold rozpoczyna samodzielną produkcję śrub i wkrętów, jest to przełom w historii firmy, który powoduje ogromny wzrost
sprzedaży

1962 – firma otwiera swój pierwszy, zagraniczny
oddział w Holandii; do końca 1969 roku
otwiera swoje przedstawicielstwa w krajach
Europy Zachodniej

1969 – Wurth uruchamia swoją pierwszą firmę w Stanach Zjednoczonych – Wurth USA Inc.

1970 – firma wprowadza na rynek innowacyjne wkręty z napędem śrubowym; odnotowuje ogromny wzrost sprzedaży; wchodzi także na rynek afrykański

1982 – firma pojawia się w Australii; gdy 5 lat później pojawia się też w Azji, obecna jest już na pięciu kontynentach

1987 – Reinhold wraz z żoną Carmen zakłada fundację, która wspiera rozwój utalentowanych młodych artystów: malarzy, muzyków i pisarzy; wspomaga finansowo prywatne wyższe uczelnie i finansuje działalność muzeów, teatrów i bibliotek

1990 – Wurth otwiera przedstawicielstwo w Polsce

1994 – Reinhold rezygnuje z kierowania koncernem i zasiada w komitecie doradczym grupy Wurth

1999 – Reinhold obejmuje Katedrę Przedsiębiorczości na Uniwersytecie w Karlsruhe, gdzie do 2003 roku prowadzi wykłady

2006 – umiera Alma Wurth, matka Reinholda –
   była dla niego wielkim wsparciem od samego początku funkcjonowania firmy
2007 – Wurth otrzymuje honorowy doktorat z historii sztuki i muzealnictwa na Uniwersytecie w Palermo
2015 – 80. urodziny Reinholda Wurtha

CIEKAWOSTKI:

- W 1987 roku Reinhold Wurth ogłosił swoją słynną „Wizję 2000", zgodnie z którą jego koncern miał zakończyć przełom wieków obrotami wysokości 10 miliardów marek niemieckich. Wurth zanotował w 2000 obroty wynoszące nieco ponad 5 miliardów… euro. W przeliczenie na marki niemieckie to 10 miliardów!

- Reinhold Wurth jest posiadaczem około 17 000 dzieł sztuki. Pierwszymi, zakupionymi przez niego na początku lat 60. obrazami były prace Emila Nolde. W swoich zbiorach posiada obrazy między innymi: Pablo Picasso,

Edwarda Muncha, Alfreda Hrdlicka, Christo. W Kunzelsau w 1991 roku Reinhold otworzył swoje pierwsze Muzeum Sztuki Nowoczesnej prezentujące dzieła sztuki z XX i XXI wieku. Gmach połączony jest z budynkiem fabryki Wurth, Reinhold jest bowiem zdania, że światy sztuki i biznesu powinny się przenikać. Według niego wystawy i koncerty muzyczne są nie tylko formą spędzania czasu wolnego, lecz również znakomitą motywacją dla pracowników. Wejście do jego muzeów i galerii jest bezpłatne. Podobne galerie uruchomił przy przedstawicielstwach swoich firm w Holandii, Francji, Danii, Austrii, Belgii, Włoszech, Norwegii, Hiszpanii i Szwajcarii.

- W 2015 roku rodzina Wurth przeżyła chwile grozy, gdy uprowadzono Markusa, najstarszego syna Reinholda i Carmen. Markus jako dziecko zachorował i z powodu błędu lekarskiego został trwale upośledzony umysłowo. Obecnie 50-letni mężczyzna od ponad 30 lat przebywa w luksusowym ośrodku dla osób niepełnosprawnych umysłowo w miejscowości Schlitz. Latem 2015 roku porywacze uprowadzili go i zażądali okupu w wysokości trzech milionów euro. Po kilkudziesięciu godzinach intensywnych poszukiwań Markusa odnaleziono w lesie przywiązanego do drzewa. Przestępcy najprawdopodobniej przestraszyli się zakrojonej na dużą skalę akcji policji i porzucili zakładnika.

CYTATY:

„Skromność i kompetencja to dwie kluczowe cechy, które powinien rozwijać każdy przedsiębiorca".

„Gdy odkręcimy wszystkie śruby, cały świat się zawali".

ŹRÓDŁA I INSPIRACJE:

Polska strona grupy Wurth: https://www.wurth.pl.

Strona internetowa koncernu Wurth: http://www.
wuerth.com.
Ute Grau, Barbara Guttmann, *Reinhold Wurth*, Swi-
ridoff Verlag, 2005.
Claus Detjen, *Der Patriarch in seiner Verantwortung*,
Frankfurter Allgemeine Buch, 2015.

Zakończenie

Każdy z nas jest niepowtarzalny i wyjątkowy. Sylwetki 10 samouków przedsiębiorców pokazują, że człowiek jest w stanie osiągnąć niewiarygodne cele życiowe, jeśli będzie potrafił marzyć, wystarczy mu determinacji i twórczej radości z działania. Szkoda, że typowa szkoła, z którą najczęściej mamy do czynienia, do tego nie przygotowuje. Programy oderwane od rzeczywistości, dehumanizacja treści nauczania, założenie, że wszystkie dzieci w tym samym czasie muszą posiąść tę samą wiedzę i zdobyć te same umiejętności utrudniają tylko faktyczny rozwój. Kiedyś można było to uzasadnić brakiem innego powszechnego dostępu do wiedzy. Dziś jednak zapewnia go Internet. Postęp we wszystkich dziedzinach jest tak znaczny, że wiedza się dezaktualizuje, zanim trafi do programów szkolnych i podręczników. Ich twórcy nie bardzo potrafią odpowiedzieć na pytanie, dlaczego akurat taki, a nie inny fragment wiedzy mają poznawać uczniowie. I dlaczego nadal, mimo pozornych zmian, mają się uczyć metodami bardzo zbliżonymi do tych stosowanych w całym poprzednim stuleciu.

W niektórych krajach zrozumiano, że nauka powinna wyglądać zupełnie inaczej. Przykładem może być Finlandia. W tej chwili fińscy uczniowie wypadają najlepiej na świecie w pomiarach przyrostu wiedzy, mimo że na naukę poświęcają znacznie mniej czasu niż dzieci w innych krajach. Wdrożono tam siedem zasad wspomagających rozwój. Obowiązuje równość szkół, rodziców, nauczycieli, praw dorosłych i dzieci, przedmiotów, a przede wszystkim uczniów. Nie wolno porównywać żadnego ucznia z innym, bo porównywanie dzieli. Zasadą jest integracja. Każdy uczeń jest więc tak samo dobry, każdy ma tę samą wartość. Uczniom zapewnia się nie tylko bezpłatną naukę i transport do szkoły, ale i darmowe posiłki oraz wyposażenie. Do każdego ucznia podchodzi się indywidualnie. Program jest ten sam, podobny materiał, ale o różnym stopniu trudności. Oceniany jest w porównaniu do tego, co potrafił wczoraj, jednak jeśli nie zrobi postępu, nikomu to nie przeszkadza. Jest jednak coś jeszcze ważniejszego, coś, co zapewne pomogłoby opisywanym przez nas samoukom uniknąć wielu błędów. Szkoły fińskie przygotowują do życia (w przeciwieństwie do systemów, które przygotowują do zdawania egzaminów). Uczą wartości pieniądza, wiedzy na temat obowiązujących podatków czy praw obywatela. Uczniom się ufa, wierzy się, że każdy z nich potrafi dobrze wybrać, a więc jeśli nie chce czegoś zrobić, może wybrać temat, który interesuje go bardziej, albo na przykład czytać książkę. Ufa się też nauczycielom, którzy mają bardzo dużą swobodę w wyborze sposób nauczania. Czy uczeń w takich warunkach chce się uczyć, czy też nie – zostawia się jego wyborowi. Jeśli woli, zdobywa praktyczny zawód, nie musi tkwić latami w szkole, jeśli nie jest to zgodne z jego pomysłem na życie lub zdolnościami. Nie musi się też wstydzić powtarzania roku, bo nie jest to traktowane jak coś złego. Młodzi ludzie nie muszą wkuwać na pamięć regułek, mają się nauczyć rozwiązywania problemów na bazie wiedzy odnajdywanej w książkach lub Internecie. Najważniejszy jest cel: przygotować młodego człowieka do udanego życia, w którym nie będzie zależny od innych.

Trochę czuć w tym ducha szkół Montessori, których ideą jest podążanie za dzieckiem, tak by mogło rozwijać się zgodnie ze swymi potrzebami, by pozostało twórcze i radosne oraz przeniosło te cechy w dorosłe życie. To na razie brzmi utopijnie, ale skoro już są szkoły, a nawet całe państwa, które potrafią uczyć zgodnie z tymi zasadami, być może kiedyś powszechny będzie system szkolny, w którym każdy będzie „samoukiem”, będzie rozwijał się na miarę swoich potrzeb, by w przyszłości realizować swoje własne cele, harmonijnie rozwijając wszystkie sfery życia: osobistą, rodzinną i zawodową, i pamiętając o tym, że najważniejsze są wartości duchowe. One bowiem pozwalają dostrzegać potrzeby drugiego człowieka, kształtować dobre relacje w rodzinie i prowadzić sprawiedliwy biznes.

Dodatek 1

Inspirujące cytaty

Wydaje mi się, że od dziecka miałem w sobie ciekawość świata i ludzi. Świadomie zacząłem prowadzić obserwacje i notować spostrzeżenia mniej więcej w piętnastym roku życia, kiedy wyprowadziłem się z domu rodzinnego do szkoły z internatem. Wtedy kupiłem pierwszy zeszyt do notowania moich przemyśleń. Teraz takich zeszytów mam całe mnóstwo. Często zapisywałem w nich inspirujące cytaty, których bogate źródło znalazłem w Biblii, a także w biografiach słynnych ludzi: odkrywców, wynalazców, naukowców i artystów. Najbliższe są mi te, które dotyczą sfery duchowej człowieka. Pomagały mi odkrywać prawdę o świecie i sensie życia. Wielokrotnie do nich wracam.

Na tej podstawie wyciągam wnioski i stawiam kolejne pytania, by uzyskać pełniejszy obraz sytuacji i wytyczać dalsze kierunki rozwoju. Zachęcam Cię do zapoznania się z 179 wybranymi cytatami które moim zdaniem uczą bycia mądrym.

John Quincy Adams

Jeśli twoja aktywność inspiruje innych, by więcej marzyć, więcej się uczyć, więcej działać i stawać się kimś więcej, to jesteś liderem. Odwaga i wytrwałość są magicznymi talizmanami, przed którymi trudności znikają, a przeszkody rozpływają się w powietrzu.

Jakub Alberion

Znajdujesz to, czego szukasz, umyka Ci to, co zaniedbujesz.

Archimedes

Dajcie mi odpowiednio długą dźwignię i wystarczająco mocną podporę, a sam jeden poruszę cały glob.

Arystoteles

Cnotę widać wyraźniej w czynach niż w ich braku. Przyjemność życia jest przyjemnością płynącą z ćwiczenia duszy; to jest bowiem prawdziwe życie. Staraj się żyć dobrze, czerp z życia zadowolenie. Jeśli jesteś mądry, a nie wątpię, że jesteś, nie goń za dobrami materialnymi. To marność! Dąż do doskonałości we wszystkim! Szczęśliwy jest ten, kto dobrze żyje i komu dobrze się dzieje.

Mary Kay Ash

Dasz sobie radę!

Augustyn

Nie wychodź na świat, wróć do siebie samego: we wnętrzu człowieka mieszka prawda.

Jane Austen

Taki powinien być młody człowiek. Obojętnie, czym by się nie zajmował, jego zapał nie powinien znać umiaru, a on sam zmęczenia.

KENNY AUSUBEL

Używaj swoich zdolności, jakiekolwiek są.

RICHARD BACH

Obstawaj przy swoich ograniczeniach, a z pewnością staną się częścią Ciebie samego.

ROBERT BADEN-POWELL

Nie chodzi o to, byśmy osiągnęli nasze najwyższe ideały, lecz o to, aby były one naprawdę wysokie.

HONORIUSZ BALZAK

Prawdziwe szczęście jest rzeczą wysiłku, odwagi i pracy.

TRISTAN BERNARD

Jeśli jesteś dobrą piłką, to im silniej Cię uderzą, tym wyżej się wzniesiesz.

Biblia (Dz 20:35):

Więcej szczęścia jest w dawaniu aniżeli w braniu.

Biblia (Flp 4:8):

W końcu, bracia, wszystko, co jest prawdziwe, co godne, co sprawiedliwe, co czyste, co miłe, co zasługuje na uznanie: jeśli jest jakąś cnotą i czynem chwalebnym – to miejcie na myśli.

Biblia (Ga 6:9):

W czynieniu dobra nie ustawajmy, bo gdy pora nadejdzie, będziemy zbierać plony, o ile w pracy nie ustaniemy.

Biblia (Hbr 11:1–10):

Wiara jest poręką tych dóbr, których się spodziewamy, dowodem tych rzeczywistości, których nie widzimy.

Biblia (Łk 14:28):

Kto z Was, chcąc zbudować wieżę, nie usiądzie wpierw i nie obliczy wy datków, czy ma na jej wykończenie.

Biblia (Mt 17:20):

Jeśli będziecie mieć wiarę jak ziarnko gorczycy, powiecie tej górze: „Przesuń się stąd tam!", a przesunie się. I nic niemożliwego nie będzie dla Was.

Biblia (Prz 12:18):

Język mądrych jest lekarstwem.

Biblia (Prz 16:23–24):

Od serca mądrego i usta mądrzeją, przezorność na wargach się mnoży. Dobre słowa są plastrem miodu, słodyczą dla gardła, lekiem dla ciała.

Biblia (Prz 17:22):

Radość serca wychodzi na zdrowie, duch przygnębiony wysusza kości.

Biblia (Psalm I ks. I Dwie drogi życia):

Szczęśliwy mąż, który nie idzie za radą występnych, nie wchodzi na drogę grzeszników i nie siada w kole szyderców, lecz ma upodobanie w prawie Pana, nad jego prawem rozmyśla dniem i nocą. Jest on jak drzewo zasadzone nad płynącą wodą, które wydaje owoc w swoim czasie, a liście jego nie więdną: co uczyni, pomyślnie wypada.

Biblia (Rz 12:15,16):

Weselcie się z tymi, którzy się weselą. Płaczcie z tymi, którzy płaczą. Bądźcie zgodni we wzajemnych uczuciach.

Biblia (Prz 15:14):

Serce rozważne szuka mądrości.

Napoleon Bonaparte

Tak samo jak pojedynczy krok nie tworzy ścieżki na ziemi, tak pojedyncza myśl nie stworzy ścieżki w Twoim umyśle. Prawdziwa ścieżka powstaje, gdy chodzimy po niej wielokrotnie. Aby stworzyć głęboką ścieżkę mentalną, potrzebne jest wielokrotne powtarzanie myśli, które mają zdominować nasze życie.

Phil Bosmans

Dziecko jest chodzącym cudem. Jedynym, wyjątkowym, niezastąpionym. Uzdrowić człowieka oznacza oddać mu utraconą odwagę.

Wykorzystaj dzień dzisiejszy. Obiema rękoma obejmij go. Przyjmij ochoczo, co niesie ze sobą: światło, powietrze i życie, jego uśmiech, płacz i cały cud tego dnia. Wyjdź mu naprzeciw.

Nathaniel Branden

Jeżeli żyjemy świadomie, nie wyobrażamy sobie, że nasze odczucia nieomylnie wskazują prawdę.

Pearl Buck

Są ludzie, którzy nie zauważają małego szczęścia, ponieważ daremnie czekają na duże.

Orson Scott Card

Co innego słyszeć, a co innego słuchać…

Dale Carnegie

Szczęście nie przychodzi z zewnątrz. Zależy od tego, co jest w nas samych. Większość rzeczy na tym świecie stworzona została przez ludzi, którzy wytrwali, gdy zdawało się, że nie ma już nadziei.

Winston Churchill

Ciągłe podejmowanie wysiłku, a nie siła czy inteligencja, jest kluczem do wyzwolenia naszego potencjału. Jestem optymistą. Bycie kimkolwiek innym nie wydaje się do czegokolwiek przydatne.

Nigdy, nigdy, nigdy się nie poddawaj.

Pesymista szuka przeciwności w każdej okazji. Optymista widzi okazję w każdej przeciwności.

Sukces polega na tym, by iść od porażki do porażki, nie tracąc entuzjazmu.

Arthur Charles Clarke

Jedyny sposób, by odkryć granice możliwości, to przekroczyć je i sięgnąć po niemożliwe.

Paulo Coelho

Emocje są jak dzikie konie i potrzeba wielkiej mądrości, by je okiełznać.

Świat należy do ludzi, którzy mają odwagę marzyć i ryzykować, aby spełniać swoje marzenia. I starają się robić to jak najlepiej.

Odważni są zawsze uparci.

To możliwość spełnienia marzeń sprawia, że życie jest tak fascynujące.

Tylko jedno może unicestwić marzenie. Strach przed porażką.

John Calvin Coolidge

Nic na świecie nie zastąpi wytrwałości. Nie zastąpi jej talent – nie ma nic powszechniejszego niż ludzie utalentowani, którzy nie odnoszą sukcesów. Nie uczyni niczego sam geniusz – nienagradzany geniusz to już prawie przysłowie. Nie uczyni niczego też samo wykształcenie – świat jest pełen ludzi wykształconych, o których zapomniano. Tylko wytrwałość i determinacja są wszechmocne.

John Cummuta

Kiedy poddasz się swojej wizji, sukces zaczyna Cię gonić.

Antoni Czechow

Człowiek jest tym, w co wierzy.

Chris Darimont

Duża część postępu w nauce była możliwa dzięki ludziom niezależnym lub myślącym nieco inaczej.

Maria Dąbrowska

Pismo i sztuka to jedyni świadkowie czasów.

Margaret Deland

Trzeba czegoś pragnąć, żeby żyć.

Benjamin Disraeli

Największym szczęściem jest poczucie sensu życia.

John Dryden

Najpierw sami tworzymy własne nawyki, potem nawyki tworzą nas.

Marie Ebner-Eschenbach

Zrozumienie sięga często dalej niż rozum.

Thomas Edison

Gdybyśmy robili wszystkie rzeczy, które jesteśmy w stanie zrobić, wprawilibyśmy się w ogromne zdumienie.

Największą słabością jest poddawanie się. Najpewniejszą drogą do sukcesu jest próbowanie po prostu jeszcze jeden raz.

Nie poniosłem porażki. Po prostu odkryłem dziesięć tysięcy błędnych rozwiązań!

Pewnego dnia zaprzęgniemy do pracy przypływy i odpływy, uwięzimy promienie słońca.

Albert Einstein

Dobro człowieka musi zawsze stanowić najważniejszy cel wszelkiego postępu technicznego.

Najpiękniejsza rzecz, jakiej możemy doświadczyć, to oczarowanie tajemnicą.

Nie staraj się być człowiekiem sukcesu, lecz człowiekiem wartościowym.

Nigdy nie trać świętej ciekawości. Kto nie potrafi pytać, nie potrafi żyć.

Osobowość kształtuje się nie poprzez piękne słowa, lecz pracą i własnym wysiłkiem.

Ważne jest, by nigdy nie przestać pytać. Ciekawość nie istnieje bez przyczyny.

Życie można przeżyć na dwa sposoby: albo tak, jakby nic nie było cudem, albo tak, jakby cudem było wszystko.

Ralph Waldo Emerson

Bohater nie jest odważniejszy od zwykłego człowieka, ale jest odważny pięć minut dłużej.

By nakreślić kurs działania i zrealizować go do końca, potrzeba Ci odwagi żołnierza.

Prawdziwa siła zrozumienia polega na niedopuszczeniu do tego, by coś, czego nie wiemy, krępowało to, co wiemy.

Epikur

Chcesz być szczęśliwy? Czytaj księgi! Poznawaj poglądy mądrych tego świata! Doceniaj piękno! Ciesz się każdą chwilą bez cierpienia!

Nie ma życia przyjemnego, które by nie było rozumne, moralnie podniosłe i sprawiedliwe, ani też życia rozumnego, moralnie podniosłego i sprawiedliwego, które by nie było przyjemne.

Nie można żyć szczęśliwie, nie żyjąc godnie, moralnie i uczciwie.

MICHAEL FARADAY

Nic nie jest zbyt piękne, aby mogło być prawdziwe.

ALEXANDER FLEMING

Narodziny nowego poprzedza zazwyczaj jakieś banalne wydarzenie. Newton spostrzegł spadające jabłko, James Watt zaobserwował, jak woda kipi w kociołku, Roentgenowi zmętniała klisza fotograficzna. Ale wszyscy ci ludzie mieli wiedzę tak rozległą, że umieli z banalnych zdarzeń wycią-gnąć rewelacyjne wnioski.

RAOUL FOLLEREAU

Na co się przydaje wiedza, jeśli nie służy człowiekowi?

HENRY FORD

Nie ma rzeczy niemożliwych, są tylko te trudniejsze do wykonania.

Terry Fox

To drożdże, dzięki którym nadzieje wznoszą się do gwiazd. Entuzjazm jest błyskiem oka, sprężystością kroku, uściskiem dłoni, nieodpartym przepływem woli i energii potrzebnej do realizacji najśmielszych pomysłów. Entuzjaści to wojownicy, których cechuje hart ducha i trwałe wartości. Entuzjazm stanowi podstawę postępu. Dzięki niemu możliwe są osiągnięcia, bez niego pozostaje tylko alibi.

Anatol France

Marzenia możesz zrealizować, jeśli tylko spróbujesz to zrobić.

Aby osiągnąć wspaniałe rzeczy musimy marzyć tak samo dobrze, jak działać.

By dokonać wielkich dzieł, powinniśmy nie tylko planować, ale również wierzyć.

W miarę jak się starzejemy, odkrywamy, że najrzadsza jest odwaga myślenia.

Benjamin Franklin

Silny jest ten, kto potrafi przezwyciężyć swe szkodliwe przyzwyczajenia.

Anna Freud

Siły i wiary w siebie poszukiwałam zawsze gdzieś poza sobą, a one pochodzą z mojego wnętrza. Cały czas są we mnie.

Erich Fromm

Szczęście to coś, co każdy z nas musi wypracować dla samego siebie.

Gail Godwin

Nikt z nas nie staje się kimś nagle, w jeden dzień. Przygotowania do tego trwają przez całe nasze życie.

Johann Wolfgang Goethe

Biorąc pod uwagę wszystkie akty tworzenia, odkrywa się jedną elemen-tarną prawdę: gdy się czemuś prawdziwie poświęcamy, wspiera nas Opatrzność.

Człowiek, który zyska i zachowa władzę nad sobą, dokona rzeczy największych i najtrudniejszych.

Myślenie jest ważniejsze niż wiedza, ale nie ważniejsze niż obserwacja.

Potykając się, można zajść daleko, nie wolno tylko upaść i nie podnieść się.

Mikołaj Gogol

Trzeba mieć w sobie wiele miłości, aby nasza krytyka skierowana przeciwko innemu człowiekowi wyszła mu na dobre.

Władysław Grabski

Trzeba, by autorytet wypłynął z wartości moralnych i intelektualnych, wtedy tylko jest on trwałym i poważnym.

David Grayson

Jakże wielu ludzi, którzy wyprawiają się w poszukiwaniu szczęścia, nie zauważa, że ono czeka na ganku ich domu.

Trygve Gulbranssen

Pieniądz wiele żąda od swego właściciela – zabierze mu nawet duszę, jeśli nie będzie na siebie uważał.

Adolf Harnack

Nic bardziej nie wzmacnia człowieka niż okazane mu zaufanie.

Nic bardziej nie wzmacnia człowieka niż okazane mu zaufanie.

Hermann Hesse

Istnieją miliony oblicz prawdy, ale prawda jest tylko jedna.

Jaki sens miałoby pisanie, gdyby nie stała za nim wola prawdy.

Hi-cy-Czuan

Naucz się znajdować radość w życiu – to najlepszy sposób przyciągnięcia szczęścia.

Napoleon Hill

Wiara nakierowana na odniesienie sukcesu nada siłę każdej Twojej myśli.

Paul Holbach

Aby być szczęśliwym, trzeba pragnąć, działać i pracować, taki jest porządek przyrody, której życie polega na działaniu.

Ciesz się z podróży.

Oliver Holmes

Tylko wiara i entuzjazm sprawiają, że warto żyć.

Albert Jacquard

Zdolność myślenia nie zna granic.

Margo Jones

Odrobina wiary jest warunkiem powodzenia każdego przedsięwzięcia.

Erica Jong

Zaakceptowałam strach jako nieodłączną część życia – szczególnie strach przed zmianami. Idę naprzód mimo walenia serca, które mówi: zawróć.

Joseph Joubert

Dzieci potrzebują bardziej dobrego przykładu niż krytyki.

Kartezjusz

Myślę, więc jestem.

Erich Kästner

Można wyjść od jakiegoś punktu, ale nie można na nim spocząć.

Helen Keller

Gdy zamykają się jedne drzwi do szczęścia, otwierają się inne, ale my patrzymy na pierwsze drzwi tak długo, że nie widzimy tych drugich.

Możemy zrealizować każde zamierzenie, jeśli potrafimy trwać w nim wystarczająco długo.

Życie albo jest śmiałą przygodą, albo nie jest życiem. Nie lękać się zmian, a w obliczu kapryśności losu zachowywać hart ducha – oto siła nie do pokonania.

Johannes Kepler

Radość jest potrzebą, siłą i wartością życia.

Karol Kettering

Obchodzi mnie przyszłość, bo zamierzam spędzić w niej resztę życia.

Problem dobrze ujęty, to w połowie rozwiązany.

Antoni Kępiński

Dziecko, bawiąc się, doznaje po raz pierwszy w życiu radości twórcy i władcy.

W miarę dojrzewania uczuciowego wzrasta potrzeba dawania.

Jan Amos Komeński

Kto się o mądrość ubiega, ten księgi miłować winien nad srebro i złoto.

John Kotter

Większość ludzi nie prowadzi swojego życia. Oni je tylko akceptują.

Roger L'Estrange

To nie miejsce ani spełnienie jakiegoś warunku, ale sam umysł jest tym, co może uczynić każdego szczęśliwym lub nieszczęśliwym.

Leonardo da Vinci

Trzeba kontemplować i dużo myśleć. Kto mało myśli, ten dużo traci.

Abraham Lincoln

Ludzie są na tyle szczęśliwi, na ile sobie pozwolą nimi być.

Moim problemem nie jest, czy Bóg jest po naszej stronie. Moim największym zmartwieniem jest, czy my jesteśmy po stronie Boga. Bo Bóg ma zawsze rację!

Mike Litman

Człowiek rodzi się po to, by wieść nadzwyczajne życie, robić nadzwyczajne rzeczy i pomóc nadzwyczajnej liczbie ludzi.

Lope de Vega

Postęp to znaczy lepsze, a nie tylko nowe.

Tylko przykład jest zaraźliwy.

John Mansfield

Człowiek składa się z ciała, umysłu i wyobraźni. Jego ciało jest niedoskonałe, jego umysł zawodny, ale jego wyobraźnia czyni go znakomitym.

Marek Aureliusz

Najtrudniej jest dotrzeć do samego siebie.

Zawsze masz możność żyć szczęśliwie, jeśli pójdziesz dobrą drogą i zechcesz dobrze myśleć i czynić. A szczęśliwy to ten, kto los szczęśliwy sam sobie przygotował. A los szczęśliwy to dobre drganie duszy, dobre skłonności, dobre czyny.

John Mason

Potrzeba młotka wytrwałości, by wbić gwóźdź sukcesu.

John McCain

Zacznij od tego, żeby mieć odwagę. Reszta przyjdzie sama.

ANTHONY DE MELLO

Jeśli jesteś nieszczęśliwy, to dlatego, że cały czas myślisz raczej o tym, czego nie masz, zamiast koncentrować się na tym, co masz w danej chwili.

LEROY „ROY" MILBURN

Wytrwałość jest tym dla ludzi, czym drożdże dla chleba i ciasta.

MONTESKIUSZ

Im mniej ludzie mówią, tym więcej myślą.

REINHOLD NIEBUHR

Boże, daj mi tę łaskę, bym przyjął to, czego nie mogę zmienić. Daj odwagę, bym zmieniał to, co zmienić mogę. I mądrość, bym odróżnił jedno od drugiego.

EARL NIGHTINGALE

Nie pozwól, by obawa o to, ile czasu zajmie osiągnięcie czegoś, przeszkodziła Ci w zrobieniu tego. Czas i tak upłynie, można więc równie dobrze wykorzystać go w najlepszy możliwy sposób.

Borys Pasternak

Nigdy w żadnym wypadku nie wolno wpadać w rozpacz. Mieć nadzieję i działać – oto nasz obowiązek w nieszczęściu.

Odwaga góry przenosi.

Ludwik Pasteur

Moja siła leży w nieustępliwości.

Norman Vincent Peale

Entuzjazm zmienia wszystko.

Platon

Doświadczenie pozwala nam kierować własnym życiem wedle zasad sztuki, brak doświadczenia rzuca nas na igraszkę losu.

Myśleć to, co prawdziwe, czuć to, co piękne, i kochać, co dobre.

Jules Henri Poincaré

Wiedzę buduje się z faktów, jak dom z kamienia; ale zbiór faktów nie jest wiedzą, jak stos kamieni nie jest domem.

Alexander Pope

Najlepiej znoszą krytykę ci, którzy najbardziej zasługują na pochwałę.

Anthony Robbins

Determinacja jest wyzwaniem budzącym ludzką wolę.

Eleanor Roosevelt

Bez Twojego pozwolenia nikt nie może sprawić, że poczujesz się gorszy.

Jan Jakub Rousseau

Prawdziwa grzeczność polega na wyrażaniu życzliwości.

Rośliny uszlachetnia się przez uprawę, ludzi – przez wychowanie.

Joanne K. Rowling

Liczy się nie to, kim się ktoś urodził, ale kim wybrał, by być.

Bertrand Russell

Pewne rzeczy są dla większości ludzi niezbędnym warunkiem szczęścia, ale są to rzeczy proste: pożywienie, dach nad głową, zdrowie, miłość, powodzenie w pracy i szacunek otoczenia.

Życie szczęśliwe jest w niezwykłym stopniu identyczne z życiem wartościowym.

William Saroyan

Dziecko poszukuje dziecka w każdym, kogo spotka. Jeśli znajdzie je w dorosłym, podoba mu się ta osoba bardziej niż inne.

Antoine de Saint-Exupéry

Będziemy szczęśliwi dopiero wtedy, gdy uświadomimy sobie nasze zadanie, choćby najskromniejsze. Wtedy dopiero będziemy mogli spokojnie żyć i spokojnie umierać, gdyż to, co nadaje sens życiu, nadaje sens także śmierci.

Andrzej Sapkowski

Jeśli cel przyświeca, sposób musi się znaleźć.

José Saramago

Nigdy się nie dowiemy, do jakiego stopnia nasze życie uległoby zmianie, gdyby pewne usłyszane i niezrozumiane zdania zostały zrozumiane.

Jean-Paul Sartre

Każdy musi odkryć swoją własną drogę.

Éric-Emmanuel Schmitt

Każdy związek jest domem, do którego klucze znajdują się w rękach mieszkańców.

Albert Schweitzer

Ten, kto ma odwagę oceniać siebie samego, staje się coraz lepszy.

Seneka Młodszy

Najwyższym dobrem jest duch, gardzący przypadkowymi dobrami, rozradowany cnotą, albo ściślej, niepokonana siła ducha, doświadczona we wszystkim, łagodna w czynach, delikatna w obejściu z innymi.

Nie rozglądaj się za szczęściem, bo w ten sposób go nie zobaczysz. Ono jest w Tobie i tylko w Tobie samym!

Wierz mi, prawdziwa radość jest rzeczą poważną.

Seneka Starszy

Dwie rzeczy dają duszy największą siłę: wierność prawdzie i wiara w siebie.

Prawdę należy mówić tylko temu, kto chce jej słuchać.

George Bernard Shaw

Ideały są jak gwiazdy. Jeśli nawet nie możemy ich osiągnąć, to należy się według nich orientować.

Richard B. Sheridan

Najpewniejszym sposobem na uniknięcie porażki jest determinacja, by osiągnąć sukces.

Maria Skłodowska-Curie

Jeśli to zajmie sto lat, to trudno, ale nie przestanę pracować tak długo, jak żyję.

Sokrates

Mądrość zależy od trzech rzeczy: osobowości, wiedzy, samokontroli.

William Szekspir

O ileż lepiej płakać z radości niż znajdować radość w płaczu.

Amy Tan

Kiedy piszesz, musisz zebrać w jeden strumień wszystkie swobodne prądy serca.

Władysław Tatarkiewicz

Aby człowiek mógł być zadowolony z życia, jednym z najistotniejszych warunków jest, aby był przekonany, że ma ono jakiś sens, jakąś wartość.

Do szczęścia należą dwie rzeczy: wieść życie, z którego jest się zadowolonym, i być zadowolonym z życia, które się wiedzie.

Od człowieka zależy, czy przeszkody, jakie ma w życiu, będą mu dokuczać więcej czy mniej lub też wcale nie będą dlań przeszkodami.

Carol Anne Tavris, Elliot Aronson

Nasze dobre uczynki mogą tworzyć spiralę życzliwości i współczucia – „błędne koło dobroci".

Henry David Thoreau

Chciałbym, ażeby każdy z wielkim staraniem wybrał własną drogę i szedł naprzód właśnie nią, zamiast drogą ojca, matki czy sąsiada.

Nic nie dodaje odwagi bardziej niż niekwestionowana zdolność człowieka do podźwignięcia własnego życia poprzez świadome działanie.

Paul Tillich

Męstwo, w połączeniu z mądrością, zawiera umiarkowanie człowieka w stosunku do siebie oraz sprawiedliwość w stosunku do innych.

JÓZEF TISCHNER

Dzięki swoim wolnym decyzjom, dzięki odczuwanym wartościom, dzięki tysiącom podjętych czynności człowiek nieustannie tworzy samego siebie.

BRIAN TRACY

Twoje życie staje się lepsze, tylko kiedy Ty stajesz się lepszy.

Twój charakter jest Twoim najważniejszym atutem, dlatego powinieneś pracować nad sobą przez całe życie.

MARK TWAIN

Aby zerwać z nawykiem, wyrób sobie inny, który go wymaże.

Spraw, aby każdy dzień miał szansę stać się najpiękniejszym dniem Twego życia.

Jan Twardowski

Aby żyć w zgodzie z innymi, człowiek musi najpierw pogodzić się z samym sobą.

Wielkie dzieło nawrócenia świata rozpoczyna się od małych nieraz wysiłków, od budowania zgody w naszych rodzinach, parafiach, w środowiskach pracy.

Wergiliusz

Ludzie potrafią, gdyż sądzą, że potrafią.

Paul Zulehner

Kto nie ma odwagi do marzeń, nie będzie miał siły do walki.

Przysłowie angielskie:

Aby być szczęśliwym, trzeba pragnąć, działać i pracować, taki jest porządek przyrody, której życie polega na działaniu.

Przysłowie japońskie:

Ten jest ubogi, kto nie odczuwa zadowolenia.

Napis na budynku Williams College w Williamstown (USA):

Pnij się wysoko – Twoją metą niebo, Twoim celem gwiazda.

Dodatek 2

Książki, które rozwijają
i inspirują

Albright M., Carr C., *Największe błędy menedżerów*, Warszawa 1997.

Allen B.D., Allen W.D., *Formuła 2+2. Skuteczny coaching*, Warszawa 2006.

Anderson Ch., *Za darmo: przyszłość najbardziej radykalnej z cen*, Kraków 2011.

Anthony R., *Pełna wiara w siebie*, Warszawa 2005.

Ariely D., *Zalety irracjonalności. Korzyści z postępowania wbrew logice w domu i pracy*, Wrocław 2010.

Bates W.H., *Naturalne leczenie wzroku bez okularów*, Katowice 2011.

Bettger F., *Jak umiejętnie sprzedawać i zwielokrotnić dochody*, Warszawa 1995.

Blanchard K., Johnson S., *Jednominutowy menedżer*, Konstancin-Jeziorna 1995.

Blanchard K., O'Connor M., *Zarządzanie poprzez wartości*, Warszawa 1998.

Bogacka A.W., *Zdrowie na talerzu*, Białystok 2008.

Bollier D., *Mierzyć wyżej. Historie 25 firm, które osiągnęły sukces, łącząc skuteczne zarządzanie z realizacją misji społecznych*, Warszawa 1999.

Bond W.J., *199 sytuacji, w których tracimy czas, i jak ich uniknąć*, Gdańsk 1995.

Bono E. de, *Dziecko w szkole kreatywnego myślenia*, Gliwice 2010.

Bono E. de, *Sześć kapeluszy myślowych*, Gliwice 2007.

Bono E. de, *Sześć ram myślowych*, Gliwice 2009.

Bono E. de, *Wodna logika. Wypłyń na szerokie wody kreatywności*, Gliwice 2011.

Bossidy L., Charan R., *Realizacja. Zasady wprowadzania planów w życie*, Warszawa 2003.

Branden N., *Sześć filarów poczucia własnej wartości*, Łódź 2010.

Branson R., *Zaryzykuj – zrób to! Lekcje życia*, Warszawa-Wesoła 2012.

Brothers J., Eagan E, *Pamięć doskonała w 10 dni*, Warszawa 2000.

Buckingham M., *To jedno, co powinieneś wiedzieć… o świetnym zarządzaniu, wybitnym przywództwie i trwałym sukcesie osobistym*, Warszawa 2006.

Buckingham M., *Wykorzystaj swoje silne strony. Użyj dźwigni swojego talentu*, Waszawa 2010

Buckingham M., Clifton D.O., *Teraz odkryj swoje silne strony*, Warszawa 2003.

Butler E., Pirie M., *Jak podwyższyć swój iloraz inteligencji?*, Gdańsk 1995.

Buzan T., *Mapy myśli*, Łódź 2008.

Buzan T., *Pamięć na zawołanie*, Łódź 1999.

Buzan T., *Podręcznik szybkiego czytania*, Łódź 2003.

Buzan T., *Potęga umysłu. Jak zyskać sprawność fizyczną i umysłową: związek umysłu i ciała*, Warszawa 2003.

Buzan T., Dottino T., Israel R., *Zwykli ludzie – liderzy. Jak maksymalnie wykorzystać kreatywność pracowników*, Warszawa 2008.

Carnegie D., *I ty możesz być liderem*, Warszawa 1995.

Carnegie D., *Jak przestać się martwić i zacząć żyć*, Warszawa 2011.

Carnegie D., *Jak zdobyć przyjaciół i zjednać sobie ludzi*, Warszawa 2011.

Carnegie D., *Po szczeblach słowa. Jak stać się doskonałym mówcą i rozmówcą*, Warszawa 2009.

Carnegie D., Crom M., Crom J.O., *Szkoła biznesu. O pozyskiwaniu klientów na zawsze*, Warszawa 2003

Cialdini R., *Wywieranie wpływu na ludzi*, Gdańsk 1998.

Clegg B., *Przyspieszony kurs rozwoju osobistego*, Warszawa 2002.

Cofer C.N., Appley M.H., *Motywacja: teoria i badania*, Warszawa 1972.

Cohen H., *Wszystko możesz wynegocjować. Jak osiągnąć to, co chcesz*, Warszawa 1997.

Covey S.R., *3. rozwiązanie*, Poznań 2012.

Covey S.R., *7 nawyków skutecznego działania*, Poznań 2007.

Covey S.R., *8. nawyk*, Poznań 2006.

Covey S.R., Merrill A.R., Merrill R.R., *Najpierw rzeczy najważniejsze*, Warszawa 2007.

Craig M., *50 najlepszych (i najgorszych) interesów w historii biznesu*, Warszawa 2002.

Csikszentmihalyi M., *Przepływ: psychologia optymalnego doświadczenia*, Wrocław 2005.

Davis R.C., Lindsmith B., *Ludzie renesansu: umysły, które ukształtowały erę nowożytną*, Poznań 2012.

Davis R.D., Braun E.M., *Dar dysleksji. Dlaczego niektórzy zdolni ludzie nie umieją czytać i jak mogą się nauczyć*, Poznań 2001.

Dearlove D., *Biznes w stylu Richarda Bransona. 10 tajemnic twórcy megamarki*, Gdańsk 2009.

DeVos D., *Podstawy wolności. Wartości decydujące o sukcesie jednostek i społeczeństw*, Konstancin-Jeziorna 1998.

DeVos R.M., Conn Ch.P., *Uwierz! Credo człowieka czynu, współzałożyciela Amway Corporation, hołdującego zasadom, które uczyniły Amerykę wielką*, Warszawa 1994.

Dixit A.K., Nalebuff B.J., *Myślenie strategiczne. Jak zapewnić sobie przewagę w biznesie, polityce i życiu prywatnym*, Gliwice 2009.

Dixit A.K., Nalebuff B.J., *Sztuka strategii. Teoria gier w biznesie i życiu prywatnym*, Warszawa 2009.

Dobson J., *Jak budować poczucie wartości w swoim dziecku*, Lublin 1993.

Doskonalenie strategii (seria *Harvard Bussines Review*), praca zbiorowa, Gliwice 2006.

Dryden G., Vos J., *Rewolucja w uczeniu*, Poznań 2000.

Dyer W.W., *Kieruj swoim życiem*, Warszawa 2012.

Dyer W.W., *Pokochaj siebie*, Warszawa 2008.

Edelman R.C., Hiltabiddle T.R., Manz Ch.C., *Syndrom miłego człowieka*, Gliwice 2010.

Eichelberger W., Forthomme P., Nail F., *Quest. Twoja droga do sukcesu. Nie ma prostych recept na sukces, ale są recepty skuteczne*, Warszawa 2008.

Enkelmann N.B., *Biznes i motywacja*, Łódź 1997.

Eysenck H. i M., *Podpatrywanie umysłu. Dlaczego ludzie zachowują się tak, jak się zachowują?*, Gdańsk 1996.

Ferriss T., *4-godzinny tydzień pracy. Nie bądź płatnym niewolnikiem od 7.00 do 17.00*, Warszawa 2009.

Flexner J.T., *Washington. Człowiek niezastąpiony*, Warszawa 1990.

Forward S., Frazier D., *Szantaż emocjonalny: jak obronić się przed manipulacją i wykorzystaniem*, Gdańsk 2011.

Frankl V.E., *Człowiek w poszukiwaniu sensu*, Warszawa 2009.

Frankl V.E., *Wola sensu*, Warszawa 2010.

Fraser J.F., *Jak Ameryka pracuje*, Przemyśl 1910.

Freud Z., *Wstęp do psychoanalizy*, Warszawa 1994.

Fromm E., *Mieć czy być*, Poznań 2009.

Fromm E., *Niech się stanie człowiek. Z psychologii etyki*, Warszawa 2005.

Fromm E., *O sztuce miłości*, Poznań 2002.

Fromm E., *O sztuce słuchania. Terapeutyczne aspekty psychoanalizy*, Warszawa 2002.

Fromm E., *Serce człowieka. Jego niezwykła zdolność do dobra i zła*, Warszawa 2000.

Fromm E., *Ucieczka od wolności*, Warszawa 2001.

Fromm E., *Zerwać okowy iluzji*, Poznań 2000.

Galloway D., *Sztuka samodyscypliny*, Warszawa 1997.

Gardner H., *Inteligencje wielorakie – teoria w praktyce*, Poznań 2002.

Gawande A., *Potęga checklisty: jak opanować chaos i zyskać swobodę w działaniu*, Kraków 2012.

Gelb M.J., *Leonardo da Vinci odkodowany*, Poznań 2005.

Gelb M.J., Miller Caldicott S., *Myśleć jak Edison*, Poznań 2010.

Gelb M.J., *Myśleć jak geniusz*, Poznań 2004.

Gelb M.J., *Myśleć jak Leonardo da Vinci*, Poznań 2001.

Giblin L., *Umiejętność postępowania z innymi…*, Kraków 1993.

Girard J., Casemore R., *Pokonać drogę na szczyt*, Warszawa 1996.

Glass L., *Toksyczni ludzie*, Poznań 1998.

Godlewska M., *Jak pokonałam raka*, Białystok 2011.

Godwin M., *Kim jestem? 101 dróg do odkrycia siebie*, Warszawa 2001.

Goleman D., *Inteligencja emocjonalna*, Poznań 2002.

Gordon T., *Wychowywanie bez porażek szefów, liderów, przywódców*, Warszawa 1996.

Gorman T., *Droga do skutecznych działań. Motywacja*, Gliwice 2009.

Gorman T., *Droga do wzrostu zysków. Innowacja*, Gliwice 2009.

Greenberg H., Sweeney P., *Jak odnieść sukces i rozwinąć swój potencjał*, Warszawa 2007.

Habeler P., Steinbach K., *Celem jest szczyt*, Warszawa 2011.

Hamel G., Prahalad C.K., *Przewaga konkurencyjna jutra*, Warszawa 1999.

Hamlin S., *Jak mówić, żeby nas słuchali*, Poznań 2008.

Heinrich Bernd, *Wieczne życie. O zwierzęcej formie śmierci*, Wołowiec 2014.

Hill N., *Klucze do sukcesu*, Warszawa 1998.

Hill N., *Magiczna drabina do sukcesu*, Warszawa 2007.

Hill N., *Myśl!… i bogać się. Podręcznik człowieka interesu*, Warszawa 2012.

Hill N., *Początek wielkiej kariery*, Gliwice 2009.

Ingram D.B., Parks J.A., *Etyka dla żółtodziobów, czyli wszystko, co powinieneś wiedzieć o…*, Poznań 2003.

Jagiełło J., Zuziak W. [red.], *Człowiek wobec wartości*, Kraków 2006.

James W., *Pragmatyzm*, Warszawa 2009.

Jamruszkiewicz J., *Kurs szybkiego czytania*, Chorzów 2002.

Johnson S., *Tak czy nie. Jak podejmować dobre decyzje*, Konstancin-Jeziorna 1995.

Jones Ch., *Życie jest fascynujące*, Konstancin-Jeziorna 1993.

Kanter R.M., *Wiara w siebie. Jak zaczynają się i kończą dobre i złe passy*, Warszawa 2006.

Keller H., *Historia mojego życia*, Warszawa 1978.

King Barbara J., *Osobowość na talerzu*, Warszawa 2017.

Kirschner J., *Zwycięstwo bez walki. Strategie przeciw agresji*, Gliwice 2008.

Koch R., *Zasada 80/20. Lepsze efekty mniejszym nakładem sił i środków*, Konstancin-Jeziorna 1998.

Kopmeyer M.R., *Praktyczne metody osiągania sukcesu*, Warszawa 1994.

Ksenofont, *Cyrus Wielki. Sztuka zwyciężania*, Warszawa 2008.

Kuba A., Hausman J., *Dzieje samochodu*, Warszawa 1973.

Kumaniecki K., *Historia kultury starożytnej Grecji i Rzymu*, Warszawa 1964.

Lamont G., *Jak podnieść pewność siebie*, Łódź 2008.

Leigh A., Maynard M., *Lider doskonały*, Poznań 1999.

Littauer F., *Osobowość plus*, Warszawa 2007.

Loreau D., *Sztuka prostoty*, Warszawa 2009.

Lott L., Intner R., Mendenhall B., *Autoterapia dla każdego. Spróbuj w osiem tygodni zmienić swoje życie*, Warszawa 2006.

Maige Ch., Muller J.-L., *Walka z czasem. Atut strategiczny przedsiębiorstwa*, Warszawa 1995.

Mansfield P., *Jak być asertywnym*, Poznań 1994.

Martin R., *Niepokorny umysł. Poznaj klucz do myślenia zintegrowanego*, Gliwice 2009.

Maslow A., *Motywacja i osobowość*, Warszawa 2009.

Matusewicz Cz., *Wprowadzenie do psychologii*, Warszawa 2011.

Maxwell J.C., *21 cech skutecznego lidera*, Warszawa 2012.

Maxwell J.C., *Tworzyć liderów, czyli jak wprowadzać innych na drogę sukcesu*, Konstancin-Jeziorna 1997.

Maxwell J.C., *Wszyscy się komunikują, niewielu potrafi się porozumieć*, Warszawa 2011.

McCormack M.H., *O zarządzaniu*, Warszawa 1998.

McElroy K., *Jak inwestować w nieruchomości. Znajdź ukryte zyski, których większość inwestorów nie dostrzega*, Osielsko 2008.

McGee P., *Pewność siebie. Jak mała zmiana może zrobić wielką różnicę*, Gliwice 2011.

McGrath H., Edwards H., *Trudne osobowości. Jak radzić sobie ze szkodliwymi zachowaniami innych oraz własnymi*, Poznań 2010.

Mellody P., Miller A.W., Miller J.K., *Toksyczna miłość i jak się z niej wyzwolić*, Warszawa 2013.

Melody B., *Koniec współuzależnienia*, Poznań 2002.

Miller M., *Style myślenia*, Poznań 2000.

Mingotaud F., *Sprawny kierownik. Techniki osiągania sukcesów*, Warszawa 1994.

MJ DeMarco, *Fastlane milionera*, Katowice 2012.

Morgenstern J., *Jak być doskonale zorganizowanym*, Warszawa 2000.

Nay W.R., *Związek bez gniewu. Jak przerwać błędne koło kłótni, dąsów i cichych dni*, Warszawa 2011.

Nierenberg G.I., *Ekspert. Czy nim jesteś?*, Warszawa 2001.

Ogger G., *Geniusze i spekulanci, Jak rodził się kapitalizm*, Warszawa 1993.

Osho, *Księga zrozumienia. Własna droga do wolności*, Warszawa 2009.

Parkinson C.N., *Prawo pani Parkinson*, Warszawa 1970.

Peale N.V., *Entuzjazm zmienia wszystko. Jak stać się zwycięzcą*, Warszawa 1996.

Peale N.V., *Możesz, jeśli myślisz, że możesz*, Warszawa 2005.

Peale N.V., *Rozbudź w sobie twórczy potencjał*, Warszawa 1997.

Peale N.V., *Uwierz i zwyciężaj. Jak zaufać swoim myślom i poczuć pewność siebie*, Warszawa 1999.

Peters Steve, *Paradoks szympansa*, Warszawa 2012.

Pietrasiński Z., *Psychologia sprawnego myślenia*, Warszawa 1959.

Pilikowski J., *Podróż w świat etyki*, Kraków 2010.

Pink D.H., *Drive*, Warszawa 2011.

Pirożyński M., *Kształcenie charakteru*, Poznań 1999.

Pismo Święte Starego i Nowego Testamentu. Biblia Tysiąclecia, Warszawa 2002.

Pismo Święte w Przekładzie Nowego Świata, 1997.

Popielski K., *Psychologia egzystencji. Wartości w życiu*, Lublin 2009.

Poznaj swoją osobowość, Bielsko-Biała 1996.

Przemieniecki J., *Psychologia jednostki. Odkoduj szyfr do swego umysłu*, Warszawa 2008.

Pszczołowski T., *Umiejętność przekonywania i dyskusji*, Gdańsk 1998.

Reiman T., *Potęga perswazyjnej komunikacji*, Gliwice 2011.

Robbins A., *Nasza moc bez granic. Skuteczna metoda osiągania życiowych sukcesów za pomocą *NLP*, Konstancin-Jeziorna 2009.

Robbins A., *Obudź w sobie olbrzyma... i miej wpływ na całe swoje życie – od zaraz*, Poznań 2002.

Robbins A., *Olbrzymie kroki*, Warszawa 2001.

Robert M., *Nowe myślenie strategiczne: czyste i proste*, Warszawa 2006.

Robinson Ken, *Kreatywne szkoły*, Kraków 2015.

Robinson Ken, *Oblicza umysłu*, Gliwice 2011.

Robinson J.W., *Imperium wolności. Historia Amway Corporation*, Warszawa 1997.

Rose C., Nicholl M.J., *Ucz się szybciej, na miarę XXI wieku*, Warszawa 2003.

Rose N., *Winston Churchill. Życie pod prąd*, Warszawa 1996.

Rychter W., *Dzieje samochodu*, Warszawa 1962.

Ryżak Z., *Zarządzanie energią kluczem do sukcesu*, Warszawa 2008.

Savater F., *Etyka dla syna*, Warszawa 1996.

Schäfer B., *Droga do finansowej wolności. Pierwszy milion w ciągu siedmiu lat*, Warszawa 2011.

Schäfer B., *Zasady zwycięzców*, Warszawa 2007.

Scherman J.R., *Jak skończyć z odwlekaniem i działać skutecznie*, Warszawa 1995.

Schuller R.H., *Ciężkie czasy przemijają, bądź silny i przetrwaj je*, Warszawa 1996.

Schwalbe B., Schwalbe H., Zander E., *Rozwijanie osobowości. Jak zostać sprzedawcą doskonałym*, tom 2, Warszawa 1994.

Schwartz D.J., *Magia myślenia kategoriami sukcesu*, Konstancin-Jeziorna 1994.

Schwartz D.J., *Magia myślenia na wielką skalę. Jak zaprząc duszę i umysł do wielkich osiągnięć*, Warszawa 2008.

Shapiro Paul, *Czyste mięso*, Warszawa 2018.

Scott S.K., *Notatnik milionera. Jak zwykli ludzie mogą osiągać niezwykłe sukcesy*, Warszawa 1997.

Sedlak K. [red.], *Jak poszukiwać i zjednywać najlepszych pracowników*, Kraków 1995.

Seiwert L.J., *Jak organizować czas*, Warszawa 1998.

Seligman M.E.P., *Co możesz zmienić, a czego nie możesz*, Poznań 1995.

Seligman M.E.P., *Pełnia życia*, Poznań 2011.

Seneka, *Myśli*, Kraków 1989.

Sewell C., Brown P.B., *Klient na całe życie, czyli jak przypadkowego klienta zmienić w wiernego entuzjastę naszych usług*, Warszawa 1992.

Słownik pisarzy antycznych, Warszawa 1982.

Smith A., *Umysł*, Warszawa 1989.

Spector R., *Amazon.com. Historia przedsiębiorstwa, które stworzyło nowy model biznesu*, Warszawa 2000.

Spence G., *Jak skutecznie przekonywać... wszędzie i każdego dnia*, Poznań 2001.

Sprenger R.K., *Zaufanie # 1*, Warszawa 2011.

Staff L., *Michał Anioł*, Warszawa 1990.

Stone D.C., *Podążaj za swymi marzeniami*, Konstancin-Jeziorna 1998.

Swiet J., *Kolumb*, Warszawa 1979.

Szurawski M., *Pamięć. Trening interaktywny*, Łódź 2004.

Szyszkowska M., *W poszukiwaniu sensu życia*, Warszawa 1997.

Tatarkiewicz W., *O szczęściu*, Warszawa 1979.

Tavris C., Aronson E., *Błądzą wszyscy (ale nie ja)*, Sopot-Warszawa 2008.

Tracy B., *Milionerzy z wyboru. 21 tajemnic sukce-su*, Warszawa 2002.

Tracy B., *Plan lotu. Prawdziwy sekret sukcesu*, Warszawa 2008.

Tracy B., Scheelen F.M., *Osobowość lidera*, Warszawa 2001.

Tracy B., *Sztuka zatrudniania najlepszych. 21 praktycznych i sprawdzonych technik do wykorzystania od zaraz*, Warszawa 2006.

Tracy B., *Turbostrategia. 21 skutecznych sposobów na przekształcenie firmy i szybkie zwiększenie zysków*, Warszawa 2004.

Tracy B., *Zarabiaj więcej i awansuj szybciej. 21 sposobów na przyspieszenie kariery*, Warszawa 2007.

Tracy B., *Zarządzanie czasem*, Warszawa 2008.

Tracy B., *Zjedz tę żabę. 21 metod podnoszenia wydajności w pracy i zwalczania skłonności do zwlekania*, Warszawa 2005.

Twentier J.D., *Sztuka chwalenia ludzi*, Warszawa 1998.

Urban H., *Moc pozytywnych słów*, Warszawa 2012.

Ury W., *Odchodząc od nie. Negocjowanie od konfrontacji do kooperacji*, Warszawa 2000.

Vance Erik, *Potęga sugestii*, Warszawa 2018.

Vitale J., *Klucz do sekretu. Przyciągnij do siebie wszystko, czego pragniesz*, Gliwice 2009.

Waitley D., *Być najlepszym*, Warszawa 1998.

Waitley D., *Imperium umysłu*, Konstancin-Jeziorna 1997.

Waitley D., *Podwójne zwycięstwo*, Warszawa 1996.

Waitley D., *Sukces zależy od właściwego momentu*, Warszawa 1997.

Waitley D., Tucker R.B., *Gra o sukces. Jak zwyciężać w twórczej rywalizacji*, Warszawa 1996.

Walker Timothy D., *Fińskie dzieci uczą się najlepiej*, Warszawa 2017.

Walton S., Huey J., *Sam Walton. Made in America*, Warszawa 1994.

Waterhouse J., Minors D., Waterhouse M., *Twój zegar biologiczny. Jak żyć z nim w zgodzie*, Warszawa 1993.

Ware Bronnie, *Czego najbardziej żałują umierający*, Warszawa 2016.

Wegscheider-Cruse S., *Poczucie własnej wartości. Jak pokochać siebie*, Gdańsk 2007.

Wilson P., *Idealna równowaga. Jak znaleźć czas i sposób na pełnię życia*, Warszawa 2010.

Ziglar Z., *Do zobaczenia na szczycie*, Warszawa 1995.

Ziglar Z., *Droga na szczyt*, Konstancin-Jeziorna 1995.

Ziglar Z., *Ponad szczytem*, Warszawa 1995.

O autorze

Andrzej Moszczyński od 30 lat aktywnie zajmuje się działalnością biznesową. Jego główną kompetencją jest tworzenie skutecznych strategii dla konkretnych obszarów biznesu.

W latach 90. zdobywał doświadczenie w branży reklamowej – był prezesem i założycielem dwóch spółek z o.o. Zatrudniał w nich ponad 40 osób. Spółki te były liderami w swoich branżach, głównie w reklamie zewnętrznej – tranzytowej (reklamy na tramwajach, autobusach i samochodach). W 2001 r. przejęciem pakietów kontrolnych w tych spółkach zainteresowały się dwie firmy: amerykańska spółka giełdowa działająca w ponad 30 krajach, skupiająca się na reklamie radiowej i reklamie zewnętrznej oraz największy w Europie fundusz inwestycyjny.

W 2003 r. Andrzej sprzedał udziały w tych spółkach inwestorom strategicznym.

W latach 2005-2015 był prezesem i założycielem spółki, która zajmowała się kompleksową komercjalizacją liderów rynku deweloperskiego (firma w sumie sprzedała ponad 1000 mieszkań oraz 350 apartamentów hotelowych w systemie condo).

W latach 2009-2018 był akcjonariuszem strategicznym oraz przewodniczącym rady nadzorczej fabryki urządzeń okrętowych Expom SA. Spółka ta zasięgiem działania obejmuje cały świat, dostarczając urządzenia (w tym dźwigi i żurawie) dla branży morskiej. W 2018 r. sprzedał pakiet swoich akcji inwestorowi branżowemu.

W 2014 r. utworzył w USA spółkę LLC, która działa w branży wydawniczej. W ciągu 14 lat (poczynając od 2005 r.) napisał w sumie 22 kieszonkowe poradniki z dziedziny rozwoju kompetencji miękkich – obszaru, który ma między innymi znaczenie strategiczne dla budowania wartości niematerialnych i prawnych przedsiębiorstw. Poradniki napisane przez Andrzeja koncentrują się na przekazaniu wiedzy o wartościach i rozwoju osobowości – czynnikach odpowiedzialnych za prowadzenie dobrego życia, bycie spełnionym i szczęśliwym.

Andrzej zdobywał wiedzę z dziedziny budowania wartości firm oraz tworzenia skutecznych strategii przy udziale następujących instytucji: Ernst & Young, Gallup Institute, Pricewaterhause-Coopers (PwC) oraz Harward Business Review. Jego kompetencje można przyrównać do pracy **stroiciela instrumentu.**

Kiedy miał 7 lat, mama zabrała go do szkoły muzycznej, aby sprawdzić, czy ma talent. Przeszedł test pozytywnie – okazało się, że może rozpocząć edukację muzyczną. Z różnych powodów to nie nastąpiło. Często jednak w jego książkach czy wykładach można usłyszeć bądź przeczytać przykłady związane ze światem muzyki.

Dlaczego można przyrównać jego kompetencje do pracy stroiciela na przykład fortepianu? Stroiciel udoskonala fortepian, aby jego dźwięk był idealny. Każdy fortepian ma swój określony potencjał mierzony jakością dźwięku – dźwięku, który urzeka i wprowadza ludzi w stan relaksu, a może nawet pozytywnego ukojenia. Podobnie jak stroiciel Andrzej udoskonala różne procesy – szczególnie te, które dotyczą relacji z innymi ludźmi. Wierzy, że ludzie posiadają mechanizm psychologiczny, który można symbolicznie przyrównać do **mentalnego żyroskopu** czy **mentalnego noktowizora**. Rola Andrzeja polega na naprawieniu bądź wprowadzeniu w ruch tych „urządzeń".

Żyroskop jest urządzeniem, które niezależnie od komplikacji pokazuje określony kierunek. Tego typu urządzenie wykorzystywane jest na statkach i w samolotach. Andrzej jest przekonany, że rozwijanie **koncentracji i wyobraźni** prowadzi do włączenia naszego mentalnego żyroskopu. Dzięki temu możemy między innymi znajdować skuteczne rozwiązania skomplikowanych wyzwań.

Noktowizor to wyjątkowe urządzenie, które umożliwia widzenie w ciemności. Jest wykorzystywane przez wojsko, służby wywiadowcze czy myśliwych. Życie Andrzeja ukierunkowane jest na badanie tematu źródeł wewnętrznej motywacji – siły skłaniającej do działania, do przejawiania inicjatywy, do podejmowania wyzwań, do wchodzenia w obszary zupełnie nieznane. Andrzej ma przekonanie, że rozwijanie **poczucia własnej wartości** prowadzi do włączenia naszego mentalnego noktowizora. Bez optymalnego poczucia własnej wartości życie jest ciężarem.

W swojej pracy Andrzej koncentruje się na procesach podnoszących jakość następujących obszarów: właściwe interpretowanie zdarzeń, wyciąganie wniosków z analizy porażek oraz sukcesów, formułowanie właściwych pytań, a także korzystanie z wyobraźni w taki sposób, aby przewidywać swoją przyszłość, co łączy się bezpośrednio z umiejętnością strategicznego myślenia. Umiejętności te pomagają rozumieć mechanizmy wywierania wpływu przez inne osoby i umożliwiają niepoddawanie się wszechobecnej indoktrynacji. Kiedy mentalny noktowizor działa poprawnie, przekazuje w odpowiednim czasie sygnały ostrzegające, że ktoś posługuje się manipulacją, aby osiągnąć swoje cele.

Andrzej posiada również doświadczenie jako prelegent, co związane jest z jego zaangażowaniem w działania społeczne. W ostatnich 30 latach był zapraszany do udziału w różnych szkoleniach i seminariach, zgromadzeniach czy kongresach – w sumie jako mówca wystąpił ponad 700 razy. Jego przemówienia i wykłady znane są z inspirujących przykładów i zachęcających pytań, które mobilizują słuchaczy do działania.

OFERTA WYDAWNICZA
Andrew Moszczynski Group sp. z o.o.

Andrzej Moszczyński
Inaczej
o wartościach
INSPIRUJĄCY PORADNIK

Andrzej Moszczyński
Inaczej
o pozytywnym
myśleniu
INSPIRUJĄCY PORADNIK

Andrzej Moszczyński
Inaczej
o inicjatywie
INSPIRUJĄCY PORADNIK

Andrzej Moszczyński
Inaczej
o miłości
INSPIRUJĄCY PORADNIK

Andrzej Moszczyński
Inaczej
o motywacji
INSPIRUJĄCY PORADNIK

Andrzej Moszczyński
Inaczej
o podejmowaniu
decyzji
INSPIRUJĄCY PORADNIK

Andrzej Moszczyński
Inaczej
o byciu
realistą
INSPIRUJĄCY PORADNIK

Andrzej Moszczyński
Inaczej
o priorytetach
INSPIRUJĄCY PORADNIK

Andrzej Moszczyński
Inaczej
o byciu
wnikliwym
INSPIRUJĄCY PORADNIK

Andrzej Moszczyński
Inaczej
o byciu
asertywnym
INSPIRUJĄCY PORADNIK

Andrzej Moszczyński
Inaczej
o wierze
w siebie
INSPIRUJĄCY PORADNIK

Andrzej Moszczyński
Inaczej
o umiejętności
wyznaczania
i osiągania celów
INSPIRUJĄCY PORADNIK

Andrzej Moszczyński
Inaczej
o zaufaniu
INSPIRUJĄCY PORADNIK

Andrzej Moszczyński
Inaczej
o planowaniu
INSPIRUJĄCY PORADNIK

Andrzej Moszczyński
Inaczej
o byciu
odważnym
INSPIRUJĄCY PORADNIK

Andrzej Moszczyński
Inaczej
o byciu
wytrwałym
INSPIRUJĄCY PORADNIK

Andrzej Moszczyński
Inaczej
o uczeniu się
INSPIRUJĄCY PORADNIK

Andrzej Moszczyński
Inaczej
o entuzjazmie
INSPIRUJĄCY PORADNIK

www.ingramcontent.com/pod-product-compliance
Lightning Source LLC
La Vergne TN
LVHW040516200726
843493LV00017B/1043